아름다운 이야기

현대수필가100인선 · 25

아름다운 이야기

이상보 수필선

좋은수필사

■ 책머리에

수필은 누구나 부담 없이 읽고, 마음만 먹으면 직접 쓸 수도 있는 가장 친근한 문학이다. 다른 영역의 문학이 영상매체에 밀려 신음하고 있는 중에도 수필 인구만은 날로 증가하여 바야흐로 수필 전성시대를 구가하고 있는 이유도 거기에 있을 것이다.

시대적 추세에 힘입어 수많은 수필전문지, 수필동인지가 창간되고, 이에 비례하여 신진 수필가도 날로 늘어나다 보니 이제는 그 많은 작가, 그 많은 작품 중에서 문학성 높은 작품을 가려 읽는 일이 쉽지 않게 되었다. 이런 현상은 작가에게나 독자에게나 결코 바람직한 일이 아니다. 더 나아가서는 수필을 연구하는 후세들에게도 큰 부담이 될 것이다.

이런 문제를 해결하는 데는 출판인도 마땅히 한몫을 감당해야 한다는 평소의 소신에 따라, 본사가 기꺼이 그 역할을 맡기로 했다. 그 첫 번째 사업으로 시대를 대표할 만한 수필가 100인을 선정하고, 작가가 자선한 40편 내외의 작품을 수록한 문고본을 발간하여 이를 널리 보급함으로써 그 소임을 다하고자 한다.

본사는 사명감을 가지고 이 사업을 추진해 나가기로 했다. 작가 선정을 전담할 편집위원회를 구성하고 전권을 위임하여 일체의 사적인 정실이나 청탁을 배제함으로써 전문성과 공정성을 확보해 나갈 것이다.

따라서 이 기획물 속에는 작가의 문학정신뿐만 아니라, 본사의 문학사적 기여 의지와 편집위원 제위의 수필문학에 대한 애정과 문인으로서의 양심이 함께 담겨 있음을 자부한다. 다만, 작가를 선정하는 기준에는 많은 견해의 차이가 있을 수 있고, 선정 과정에서도 미처 챙기지 못한 부분이 있을 것이라는 사실만은 인정하지 않을 수 없다. 이 점에 대해서는 관계자 여러분의 양해 있으시기 바란다.

이 시리즈의 발간 순서는 작가, 또는 본사의 사정에 의한 것일 뿐 그밖의 어떤 기준도 적용하지 않았음을 밝힌다.

본 기획물이 시대를 초월한 많은 수필 애호가들의 관심과 애정 속에 우리나라 수필문학 발전에 한 이정표가 되기를 바랄 뿐이다.

2008년 9월

좋은수필 발행인 서 정 환

현대수필가 100인선 간행 편집위원 박 재 식 최 병 호

정 진 권 강 호 형

변 해 명

차례

1_부

2_부

3_부

4_부

1부

독서의 계절

찌는 듯한 무더위 속에서 변변히 책도 읽지 못한 채 지나쳐 버린 시간을 생각하면 후회하게 된다. 그러나 여름철이 단련의 계절이라면 산과 바다로 찾아다니면서 심신의 연마를 위하여 소비한 세월이 아까울 것만도 아닌 상 싶다. 그것은 가을과 겨울철에 보다 더 튼튼한 몸으로 일할 수 있게 하려는 준비작업이었기 때문이다. 이제 하늘도 높고 들녘에는 오곡이 무르익어 황금물결이 출렁거리는 칠월이 짙어가고 있지 않는가? 해마다 이 때를 기하여 독서 주간이 설정되고 각 기관에서 기념 행사가 다채롭게 마련되어 독서에 게을렀던 사람들도 새삼 느끼는 바가 없을 수 없다. 하물며 학원에서 진리를 탐구하며 날마다 책과 씨름하는 학생들에게 있어서 이 독서 주간과 또 가을이 주는 충동은 큰 바가 있을 것이다. 사람이 살아가는 데에 육신을 위하여는 자양분이 많은 음식물이 필요함과 같이 정신을 건전하게 살찌워 가려면 독서하는 생활을 계속하지 않으면 안 될 것이다. 그러나 우리가 경계하여야 할 것은 독서의 방법을 그르치거나 그 목적을 깨닫지 못하는 일이다. 그러므로 이 자리에서 독서에 대한 이모저모를 생각해 보는 것도 중요한 일이 아닐 수 없다.

첫째로 책을 읽을 때에는 좋은 책을 골라 읽어야 한다. 수십만 권이 넘는 책들을 다 읽고 죽는 사람은 없다. 실상 우리의 목숨에는 한정이 있고 능력에도 한계가 있다. 그렇기 때문에 꼭 내게 쓸모 있고 필요한 것만을 엄선하여 읽는 것이 현명한 방법이다. 전공서적이나 교양서적을 통틀어서 반드시 읽어야만 할 책을 정해 놓고 한 권씩 독파해 나간다면 원만한 소득을 거둘 수 있으나 만약에 계획도 없이 맹목적으로 손에 잡히는 책이나 순간적인 흥미를 자극할 뿐, 실속이 없는 악서(惡書)를 읽기에 시간을 허비한다면 오히려 독서하지 않음만 같지 못하다.

"큰 도서관이란 독자를 가르친다느니보다 그들의 머리를 도리어 산란하게 하는 것이다. 덮어 놓고 많은 것을 읽는 것보다 소수의 좋은 저자의 것을 독서하는 것이 훨씬 유익하다."고 말한 톨스토이의 충고는 매우 뜻깊은 것이라고 생각된다. 음식을 먹을 때에도 우리는 영양이 많고 소화가 잘 되는 것을 가려서 먹는 것과 같이 독서에 있어서 가장 중요한 것이 책의 선택임을 알아야 한다. 좋은 책을 선택하는 데는 스승이나 선배의 조언이 필요할 때도 있고 독서해 나가는 중에 스스로 그 묘법을 터득할 수도 있다.

둘째로 책을 읽는 방법을 연구해야 한다. 그 내용이 건전하고 훌륭한 책이 선택되었으면 그 책을 정독할 것인가 가볍게 통독할 것인가를 결정지어야 한다. 책의 내용과 독서의 성질에 따라서 읽는 법이 저절로 결정되어 질 것이다.

전공과목이나 자기의 자식을 더욱 깊게하기 위한 독서는 정독을 필요로 한다. 그 때에는 한 자 한 말이라도 놓치지 않으려는 주의력을 집중시켜 눈빛이 종이 뒤를 뚫는 방법을 써야 한다. 그러나 이와는 반대로 가벼운 교양서적이나 상식을 풍성하게 해 주는 것으로 그치는 책을 읽을 적에는 통독을 하여 시간을 절약하고 독서자가 바라는 목적을 달성시켜야 한다.

흔히 말하기를 독서는 공리적으로 따져 가면서 읽을 것이 아니라 즐겁게 시간을 보내기 위해서 읽을 것이라고 말하는 사람들이 있다. 그리하여 정독보다는 빨리 통독하기를 권하고 있다. 그러나 수박 겉핥기식으로 몇백 권의 책을 읽어 보았자 참 지식이 되지는 못한다. 우리는 이것저것 많이 대충 알고 있는 것보다는 한 가지만이라도 정확하고 깊이 있는 지식의 소유자가 되어야 한다. 따라서 정독을 주로 하고 통독을 곁들인다면 좋을 것이다. 또 독서할 때에는 주위 환경의 정리가 필요하다. 요란스러운 소음 속에서 책을 읽어도 머리에 들어가지 않는다. 조용하고 깨끗한 환경에서 단정한 몸가짐으로 읽어야 한다. 독서삼매경에 들어가려면 서재로 하여금 완전히 도장이 되게 하여야 한다.

셋째로 독서를 통해서 얻은 지식은 반드시 실생활에 활용하고 그것을 실천하도록 힘써야 한다.

수천 권의 책을 읽고서도 그것을 실천하지 않으면 소용이 없는 것이요, 그와 반대로 단 한 권의 독서에서 얻은 지식이라도 일상생활에 옮겨 행한다면 성과를 거둘 수 있는 것이다. 아우렐리우스는 "행동을 심어라. 그리하면 운명을 거두리라."고 하였지만 여기다 한 가지 더 첨부할 것은 "좋은 책을 읽어라. 그리하면 행동을 거둘 것이라"는 말이다. 올바른 행위는 양서(良書)를 읽는 데서만 가능한 것임을 명심해야 할 것이다. 끝으로 책을 두고 말한 선철(先哲)들의 금언(金言)을 읽어 보자.

"방에 책이 없는 것은 몸에 정신이 없는 것과 같다."(키케로)

"여러 색다른 작자나 많은 서적을 읽음으로 해서 머리를 혼란하게 하여 수습할 수 없는 상태에 빠뜨리지 않음이 긴요하다. 자기의 피가 되고 자기의 이익이 되는 그 무엇을 얻으려면 진실로 전재 있고 가치 있는 작자의 저서에 의해서만 두되를 기름지게 할 것이다. 부질없이 많이 읽음은 두뇌를 부서뜨리고 마는 것이다. 그러므로 항상 이름 있는 서적을 읽으라."(세네카) "독서는 다만 지식의 재료를 줄 뿐 그 자신의 것을 만드는 것은 사색의 힘이다."(로크) "도서실과 실험실에서는 고민이라는 사치한 병에 걸릴 사람은 없다."(파스퇴르).

부채

여름이면 우리를 찾아오는 계절의 아가씨들이 있다. 수박이며 참외며 딸기와 같은 구미(口味)를 돋우어 군침을 삼키게 하는 것들이 있는가 하면, 바람 한 점 없이 두터운 하늘에 다가서는 듯 떠오르는 푸른 바다의 너그러운 치맛자락도 있는 것이다. 그러나 어느 새 내 곁에 바싹 찾아와서 떠날 줄 모르고 한 여름 내내 시중드는 시녀(侍女)가 있으니 그가 바로 부채인 것이다.

부채를 일컬어 선자(扇子)라고도 하거니와 참으로 칠년대한(七年大旱)을 또 다시 겪는다손 치더라도 이 선녀(扇女 · 仙女 · 善女)만 우리 곁에 있을진대 한결 역겨움은 가셔질 것이 아닌가고도 생각된다. 대개 이들의 치장은 가는 대오리로 살을 하여 종이나 헝겊을 입는 것이 예사(例事)이나, 이는 어디까지나 서민적(庶民的)인 풍채요, 호화롭게 차릴 때엔 새깃이나 진주(眞珠)로 장식하여 그 지체가 귀골(貴骨)임을 뽐낼 때도 있다. 그런가 하면 번거로운 인환(人寰)의 소요를 떠나 시골에 묻혀 풀잎을 몸에 걸치고 은군자(隱君子)의 벗이 되는 선품(仙品)도 잃지 않는다. 이와같이 그녀들의 출생이 다른지라 족보도 저절로 갈라지는 수밖에 없으니 옛날에는 소박한 대로 헝겊 양끝에다가 둥근 대를 붙여 햇볕을 가리는 정도의 포선(布扇)에서 분가하여 제마다 다른 삶을 누리게 된 것이리라. 그리하여 팔자가 늘어지며 진주부채(眞珠扇)가 되어 귀인의 백필이 되기도 하니 그녀는 거울같이 맑고 둥근 얼굴에 칠보단장한 손잡이를 곁들이어 마치 중국의 풍취를 드러내며 평생을 안일(安逸) 속에 보낸다. 또 백우선(白羽扇)은 용모가 둥근 것이 진주선과 닮았으나 흰 새깃으로 옷을 입어 그 고상하고도 고결한 성품을 돋보이게 한다. 그리하여 저 당(唐)나라 시선(詩仙) 이백(李白)도 그를 사랑한 듯, 다음 시를 지었다.

懶搖白羽扇　새깃부채를 움직임도 귀찮아
裸袒青林中　숲속에 들어 윗저고리 벗는다.
脫巾掛石壁　두건을 벗어 바위벽에 걸치고
露頂灑松風　상투튼 머리 솔바람에 불린다.

또 한편으로 생김새가 원만하여 모나지 않고 둔세(遁世)의 철리(哲理)를 깨달은 것에 부들부채가 있으니, 그녀는 이미 만고 풍상을 다 겪은 연후에 부들잎으로 제 몸을 가리어 초야(草野)에 묻힌 셈이다. 이와 이웃하여 상종하는 드림부채는 풀잎을 걸치고 복조리 모양으로 생긴 얼굴이 아무래도 찬모(饌母)의 구실을 하기 위함인지……. 항아의 두 눈섭 같은 세미선(細尾扇)이나 오동잎처럼 덩그런 꼽장선(梧葉扇)들과 핏줄이 얽힌 듯하면서도 우리 곁에서 가장 소중하게 친근한 정을 풍겨주는 것은 아무래도 태극선(太極扇)이 아닌가 싶다. 이는 성숙한 아가씨의 젖가슴인 양 꿀물을 담고 있어 부잣집 맏며느릿감으로 들어갈 수 있는 상모(像貌)다. 그리하여 내가 집에 들면 언제고 안방에서 영접하는 이 선녀(扇女)는 한여름 기나긴 날과 어이없이 짧은 밤을 정성을 다하여 시중드노라 그녀 자신은 잠들 겨들이 없는 것이다. 진(晋)나라 때의 왕연(王延)은 효성이 지극하여 여름이면 주무시는 어버이 머리맡에서 부채질을 하였다.(晋王延事親孝 夏則扇枕席 冬則以身溫被)고 하거니와 그 때 옆에서 거들어 준 것이 바로 태극선녀가 아니었는지 한결 궁금하다. 그러나 내가 더위를 핑계하여 노상 집안에 틀어박혀 태극녀와 희롱하고만 있을 수 없어 문밖으로 출입하게 되는 날이면 어엿한 남성의 체통이 중한지라 하릴없이 합죽선(合竹扇)을 데리고 나서는 수밖에 없다. 그것도 시체 나이롱 세상이라 하기로소니 시정(市井)에 흔한 천품(賤品)이라면 돌아볼 염두도 안 나겠지만 명주깁이 아니면 적어도 고급 화선지에 산수(山水)를 얹혀 마디도 가늘게 층층이 매듭진 전주소산(全州所産)의 섬세한 듯하면서도 내실한 양반집안의 합죽선녀가 내 손을 잡을 때엔 뿌리칠 도리가 없다. 더구나 인천 송도 해수욕장으로라도 가자고 보채던 어린 딸년을 데리고 나서는데 동그란 얼굴에 반청반홍(半青半紅)으로 물들인 치마폭을 두 다리 속에 접었다가 펴면서 완전히 색풍선(色風船)처럼 들떠오르는 청홍선자(青紅扇子·輪扇)가 함께 데리고 가 줄 것을 애걸(哀乞)하니 내 본시 심약한 터에 이도 또한 거역할 수 없는 일이 아니겠는가? 이렇듯이 내가 팔선녀(八仙女)들을 거느리고 세상의 부귀 영화를 뜬 구름으로 여기면서 양소유(揚少游)를 자처하고 있노라면 이러구러 기나긴 여름도 수유(須臾)로 지나가고 들녘에서 선들바람이 불어와 책상머리에 앉는 것이다.

귀여운 여인

따가운 햇볕을 받으며 길을 걷는다.

내 앞에 수많은 사람들이 흐느적거리며 걸어간다. 남자가 아니면 여성일 수밖에 없는 군중들 속에서 사랑스런 여인을 발견할 땐 사뭇 기쁘다.

그가 파라솔을 들고 있어도 좋고 무명베옷에 고무신 차림이어도 상관 없다.

다만 나로 하여금 발걸음을 멈추고 단 한 번 바라보지 않을 수 없게 하는 귀여운 여인, 그런 여성이 있다.

세상에 미운 여자가 어디에 있을까마는 평범한 무리들 틈에 홀로 우뚝 솟은 깃발처럼 싱그러운 여자를 발견하기란 그리 쉬운 것도 아니다.

그럼 '뭇닭 속의 한 마리 학'은 어떤 타입의 여인이어야 할

까?

우선 그는 돈벌이와는 거리가 먼 곳에서 유유히 인생을 산책해야 한다.

세상은 바야흐로 황금 만능의 시대라고 저마다 돈을 좇기에 바쁘다. 계가 날로 늘어나고 행상하는 여인들이 많아졌다. 여성들이 경제권을 쥐고 중소기업의 운영자금을 좌우하게끔 된 것이 도시에서의 실정이다. 이젠 한 가정의 책임자로서 남편이 돈을 벌어 들이는 것만으로는 만족할 수 없는 사회가 되었는지 모른다.

그러나 그는 이러한 세대와는 인연이 없다. 그는 어려서는 부모에게 용돈을 타쓰며 자랐으리라. 많을 때는 흡족히 부족할 적에는 응석이라도 부리면서 부모의 돈주머니에 매달릴 뿐, 돈이란 제게 주어진 만큼만 쓰면 되는 것이라 생각하면서 달리 욕심을 낼 줄도 몰랐던 여인, 그가 더 커서는 부모의 눈치를 살피기는 할망정 별로 돈의 노예가 되고 싶진 않았다는 여인, 그러한 생각은 시집가서도 변함이 없어 남편의 수입 한도 내에서 규모있는 살림에 재미를 붙이는 아내, 이러한 사람은 사랑스런 여인이다. 어디까지나 여성다운 여성이요, 남성과 더불어 살아야만 제 구실을 하는 여성이기 때문이다.

흔히 현대 사회의 복잡성을 말하여 남녀가 똑같이 직장에 나가야만 생산적이라고 말한다. 그러나 그것은 처녀 시절의 이야기가 아닐까?

각 은행에서는 아가씨가 일단 결혼하게 되어 청첩장을 돌리면 바로 사표가 된다고 한다. 좋은 일이다.

이젠 지아비를 만났으니 돈은 남편이 벌어올 일이요, 아내는 잘 '직정코 쓸 자리에 낭비없이' 쓰면 되는 셈이다. 그래야만 남성도 한 지아비로서의 보호본능을 충족시키며 긍지를 가지고 살아갈 맛을 느낄 것이다.

"민첩한 아내는 느린 남편을 만난다."는 셰익스피어의 말이 아니라도 여성이 너무 강하여 무엇이고 다 해준다면 남성의 설 땅은 어디에 있겠는가?

우리네 말로 '바깥어른' 이며 '안주인' 이라고 하는 데는 꽤 깊은 뜻이 담겨 있다. 바깥어른은 사회적으로 활동해야 하고, 안주인은 가정 안에서 주부로서의 구실을 지켜야 함을 비쳐 주는 말이다. 아무리 훌륭한 가재 도구들도 다정한 아내의 얼굴처럼 방 안의 장식품이 될 수는 없다. 살아 움직이는 꽃, 정다운 이야기를 나눌 수 있는 벗으로서의 여인은 이 세상에 아름다움과 평화를 선물하는 천사가 아니겠는가?

또 이러한 여인은 독립성이 약하고, 남성에게 의존하려는 경향이 있다.

따라서 겸손하고 항상 협조적이어서 제 고집을 부리거나 독자적으로 엉뚱한 일을 저지르지 않아서 귀엽다.

여성이 독립을 선언할 때 그에게 남는 것은 고독뿐임을 그는 잘 알고 있기에 제 혼자서는 살 수 없다고 고백하기를 주저하지 않는다.

사람이 사는 데는 먹고, 입고, 살아갈 집만 있으면 되는 것이 아니다.

그러한 것들이 충족돼도 정신적인 즐거움과 흐뭇함이 없다면 오히려 사막에 버려진 그는 남성과 함께 살아가는 즐거움만으로 의 · 식 · 주의 부족함도 달게 참는다. 인종의 미덕을 갖춘 여인은 약한 듯하나 실상은 강한 의지를 지닌 사람임에 틀림없다. 어떤 경우에는 남편의 몰이해와 성급한 판단으로 가정에 찬바람이 일어날 때에도 그에게는 참고 견디는 중에 다사롭게 포용(包容)하는 오지랖이 있을 뿐이다.

그의 손에는 돈이 없고 콧대도 높지 못하니 큰 소리를 질러서 보기좋게 남편을 넉 · 아웃시킬 만한 무쇠 같은 마음이 조금도 없다.

젊은 남편에게는 누나처럼, 중년 남편에게는 친구처럼, 늙은 남편에게는 유모처럼 대하는 것만이 그가 할 일이다.

또 그는 가끔 가다가 병원에 드나들고 집 안방에서 약병을 상대하여 드러눕기를 좋아한다.

가을 하늘 밑에 청초(淸楚)하게 피어 있는 코스모스와도 같이 가냘픈 여성은 참으로 사랑스러운 여성이다.

일 년을 살고, 십 년을 함께 살아도 그 흔한 고뿔 한 번 앓지 않는 건강한 여인은 오히려 너무 씩씩하기 때문에 남편에게서 잊혀진 존재가 되고 만다.

항상 그날이 그날같이 반복되는 건강은 병석에서 신음(呻吟)하기를 되풀이하는 고질과 단조로움에 있어서 미찬가지다.

평소에 명랑하고 튼튼한 여성이 때로는 시름시름 창백한 얼굴로 웃음을 잃어갈 때 이 세상 남성들은 일체의 일손을 잠깐 멈추고, 창백한 얼굴에 시선을 돌리어 다시금 복숭아빛 뺨에 웃음꽃을 피워내고자 사랑의 물을 뿌릴 것이다.

저 중국의 한(漢)나라 성제(成帝)가 조비연(趙飛燕)을 위하여 일곱 가지 보석들로 피풍대(避風臺)를 지어준 것도 실은 그의 몸이 하도 가벼웠기 때문이 아니었던가?

모름지기 남성은 강력한 스테미너의 소유자여야 하겠으나 여성은 어디까지나 섬섬옥수 가늘디 가는 구슬 같은 손에 능수버들 같은 허리라야 제격이라 생각된다. 세상은 여성을 사랑의 화신이라고 하여 그에게서 사랑을 받아내고자 하지만 사실은 여성이야말로 사랑을 받아야 할 대상으로 창조된 것이다.

'창세기' 에 여호와가 아담(남자)을 깊이 잠재우고 그의 갈빗대 하나를 뽑아 여자(하와)를 만드니 아담이 보고 이는 "내 뼈 중의 뼈요 살 중의 살이라."고 했다는 것도 결국 여인은 남성의 보호와 사랑과 존경과 그리고 또 모든 것을 받아야 할 존재임을 말해주는 것이 아닐까?

다른 나라 사람들이야 어떻게 살든, 우리의 여성들은 사무실에서 생활을 집안으로 몰고 가야 한다. 타이프라이터 대신 다리미를, 공문서류 더미에서 빠져나와 빨랫감 속으로 몸을 던질

때 비로소 기계문명입네 상업사회입네 하는 공포의 장글에서 벗어나 푸른 풀밭과 잔잔한 물가를 발견할 것이다.

그곳은 결코 똑똑한 체하지 않으며 남성보다 약간 어리석다고 자인(自認)하는 여성들의 보금자리요 사랑스런 여성들의 낙원이며 귀여운 여인들의 안식처이리라.

가장 소중한 사람

옛날 중국의 위(衛) 땅 사람으로 오기(吳起)란 사람이 있었다. 그는 유명한 병법가여서 오자병법(吳子兵法) 48편을 지은 사람이었다.

그가 일찌기 증자曾子에게 글을 배우고 있었는데 그의 어머니가 죽었으나 돌아가 장사를 지내지 않았으므로 증자가 인정이 없는 사람이라 하여 인연을 끊고 돌아다보지도 않았다.

그는 노(魯)나라에서 벼슬살이를 하고 있었다. 노왕은 오기를 장수로 삼아 제(齊)를 치게 하려 했으나, 오기가 제나라 여자를 아내로 삼고 있었기 때문에 혹시 그가 두 마음을 품고 배반할 것을 의심했다. 그러자 오기가 자기 아내를 죽이고 스스로 장수가 되어 제나라의 군대를 쳐부수고 큰 공을 세웠다. 그러나 사람들은 "오기는 잔인하고 조금도 인정이 없는 사람이다."라고 비방했다. 이 말을 들은 그는 벌을 받을까 두려워 위(魏)나라로 달아났다. 위나라의 문후(文侯)는 그를 장수로 삼아 진(秦)나라를 쳐서 다섯 성이나 함락시켰다. 오기는 장군으로서 부하 사병들을 잘 돌보고 의식(衣食)도 사병들과 똑같은 것으로 취했다.

한 번은 부하 병졸 중에 나쁜 종기가 생겨 살이 곪아 가는 병을 앓고 있는 사람이 있었다. 오기는 그의 곪은 피를 입으로 빨아 주었다.

그 병졸의 어머니가 이 소식을 듣고 목을 놓아 크게 슬퍼하기를

"지난 번에 오공(吳公)은 그 애의 아버지가 종기가 났을 때도 고름을 빨아주었다. 그 아비는 오기의 은의(恩義)에 감동하여 목숨을 바쳐 싸우다 죽었다. 이제 또 고름을 빨았다고 하니 아들도 또한 은의에 감격해서 적군과 싸워 어디선가 죽을 것이다."라고 했다는 이야기가 있다.

오늘날 우리가 살고 있는 사회는 복잡하고 다양한 기구(機構)를 형성하고 있으며, 그런 거대한 기구 속에서 사람들은 자기 자신을 적응시켜 가면서 살아간다. 이런 산업사회에서 뜻을 세우고 그 뜻을 성취시켜 가려면 자칫 냉혈인간이 되어 눈물도 없이 사업 실적을 올리는 데만 혈안이 되기가 쉽다.

오기의 인간성에서 두 가지의 면을 보게 되는데, 그 하나는 냉정성(冷情性)이다. 제 어머니의 죽음을 슬퍼할 겨를도 없이

글 공부에만 전념했던 오기에게서 따뜻한 인간미를 찾을 수 없지 않은가? 더구나 제 아내를 죽여 충성을 드러내는 행동을 취한 것은 출세를 위해서 수단과 방법을 가리지 않은 비인간적인 잔혹성을 보인 것이다. 흔히 "소아(小我)를 죽여 대아(大我)를 살린다."는 뜻으로 이런 몰인정을 미화(美化)하려고 하는 이들이 있지만, 어머니와 아내를 죽임으로써 자신을 살리는 일이 결코 살신성인(殺身成仁)이 될 수는 없는 것이다.

그런데, 샐러리맨의 출세 작전에는 이런 함정이 없는지 살펴보아야 한다.

사람으로서의 따스한 정이 넘치는 직장생활을 위해 자신의 출세는 뒷전으로 미루어 놓고, 사랑과 협조로 동료를 보살피는 마음가짐이 중요한 것이다.

오기가 싸움터에서 병졸들과 함께 먹고 마시며 동고동락한 것은 본받을 만한 것이지만, 그 병졸의 어머니가 탄식한것처럼 부자를 죽음에 몰아넣기 위한 계략으로서의 위선(僞善)이었다면 이것 또한 오기의 인간성을 의심하지 않을 수 없다.

이 세상의 공리주의자(功利主義者)들은 모든 윤리적 미담까지도 이해관계에서 따지려고 한다. 그뿐만 아니라 사람이 베푸는 선의의 친절조차 값으로 계산하려는 고도의 상업주의 의식이 팽배해 있지 않은지 반성해야 한다.

특히, 거대한 생산업체에서 꽉 짜여진 기구표와 도식화된 생산 목표, 수지 채산을 맞추어야 하는 기업성장의 지표 밑에서 모든 종업원은 일사불란하게 움직여야 하고, 밤낮으로 긴장상태에 놓여 있는 것이 현실이다. 그러나 이러한 활동들이 누구를 위한 것이며, 무엇 때문에 전개되어야 하는가에 대한 성찰이 필요하다.

어떠한 일이든 결국은 사람을 위한 일로 귀착되어야 할 것이다.

"사람이 하는 모든 일은 마침내 사람을 위하는 일이어야 한다." 이러한 명제(命題)는 가장 상식적인 것이다.

사람이 사람을 돌보지 않을 때 배신과 질시(嫉視), 증오와 투쟁만이 팽배할 것이다.

"땅의 이로움도 사람의 화목만 못하다(地利不如人)."는 말이 있다. 아무리 주위 여건이 좋고, 이익이 눈앞에 산적해 있어도 인간과 인간 사이의 화평이 유지되지 않으면 부질없다는 뜻이다.

한 가정에서 온 식구가 화목하고, 한 직장에서 여러 동료들이 화락(和樂)하며, 한 나라에서 모든 국민들이 화평(和平)하며 그곳이 바로 천국이요, 안식처인 것이다.

사람마다 저마다 일터가 서로 다르고, 맡은 일이 또한 다르다.

그러나, 한 사업체의 커다란 기구표에서 한 자리를 차지하고 있는 그 위치는 똑같이 한 점 위에 놓여 있는 것이다. 윗사람도 한 점이요, 아랫사람도 한 점이다. 이 한 점의 존엄성은 똑같이 그 사업체의 구성원이란 점에서 소중한 것이다. 그러기 때문에 상사는 부하를 동생처럼, 또는 자녀처럼 사랑하고, 부하는 상사를 부형처럼 존경하고 순종해야 한다. 이것은 결코 수직적 윤리의 강요가 아니라 상하 수평의 질서를 말한 것이요, 직장 윤리의 확립을 위한 것이다.

한 울타리 안에서 공동체 운명을 지니고 있는 한 사람 한 사람의 뜨거운 인간미와 사랑이 서로 얽힐 때 그곳은 아름다운 꽃동산이 되고, 즐거운 놀이터가 될 것이다.

물건을 만들기 위해 사람이 있는 것이 아니라, 사람이 쓰기 위해 물건을 만드는 것이다. 내가 만드는 물건은 바로 내 부모 형제가 쓰는 것이요, 남이 만든 물건을 내가 쓰는 것이다.

그러기에 물건 속에 만드는 이의 사랑이 스며들어 있어야 한다. 이는 마치 어머니의 사랑이 담기 콩나물국 한 그릇이 기계가 뽑아낸 고깃국보다도 더 맛이 나는 것과도 같다.

사람이 살아가면서 가장 소중한 것은 역시 사람이다. 그 사람은 바로 나요, 내 이웃이다.

질서와 화합

"질서 위에 자유 있고, 화합 속에 민주 있다."는 표어를 읽으면서 문득 이런 기우를 해 본다. 과연 이 좋은 말뜻을 올바로 이해하는 사람들이 얼마나 있을까 하는 점이다.

대충 이 표어의 뜻을 "질서를 잘 지켜야만 그러한 바탕 위에서 자유를 누릴 수가 있고, 온 국민이 마치 두 사람 사이가 벌어졌다가 다시 뜻이 서로 잘 맞게 되는 것처럼 합해지는 속에라야 민주주의가 존재할 수 있다."는 것으로 받아들이면 될 것도 같다. 그런데 말이란 묘한 힘을 가졌으니 그것을 하는 사람과 듣는 사람에 따라 그 쓰임이 아주 딴판일 수가 있으므로 잘 분간해서 알맞게 주고받아야 제 구실을 하게 된다는 이치를 알아야 한다. 그래서 나는 책상 위에 놓인 '국어대사전'(이희승 편저)을 펼쳐서 질서와 자유, 화합과 민주의 네 낱말에 대한 뜻

풀이부터 찾아보았다.

"질서 : 사물의 조리 또는 그 순서"란 글자풀이만으로는 다소 미흡한 듯하여 차례대로 몇 항목을 더 찾으니 이러했다.

"질서독재 : [정치]현존 사회 체제를 사수하기 위하여 혁명운동을 탄압할 목적으로 행사되는 독재"와 "질서벌 [법률]공법상의 의무 위반자에 대한 국가 또는 공공단체가 제재로서 과하는 형벌, 학문상의 용어로 보통 금전벌이며 법률상 과료라 일컬음" 및 "질서법 : [법률]국가 또는 공공단체의 행정상의 질서를 침해한 사람"따위 으스스한 말들과 곁들여져 있어 다만 "질서정연 : 사물의 순서가 한결같이 바르고 가지런 함"이란 어항에서 그 참뜻을 건질 수밖에 없다.

그런데 이것을 이북에서는(조선문화어사전에서) "질서 : 서로 관련된 사물현상들 사이에 일정하게 정해져 있는 차례나 절차, 또는 그 관계"라고 해놓고 고딕체로 "질서는 사람들의 사상을 개변하고, 의식을 개변하는 데 필요하며 사람들을 한가지 목적에로 강력히 동원하는 데 필요합니다."고 김일성의 말로 뜻매김까지 해놓았으니 온통 질서를 독재수단의 목적어로 왜곡시켜 놓았다. 그러니 우리가 추구하는 "질서 위에 자유"와 그곳의 "질서 아래 독재"와는 엄연히 달라야 함을 깨달아야 한다.

그럼 우리가 추구하는 질서란 무엇인가? 곧 억강부약과 공생공영의 질서여야 한다. 윗물이 맑아야 아랫물도 맑은 법이니 상탁하부정을 명심하는 질서라야 한다.

옛날에도 상전이 은혜를 베풀어서 비로소 노비들이 심복했었다. 하물며 한 나라에서 벼슬아치들이 국민들을 지성으로 섬기는 데 딴전을 펼 사람이 있겠는가? 그러니 질서는 위아래, 가로세로가 서로 떠받치는 일이요, 오히려 힘센 이가 어린이를 붙들어 주는 길이다.

또 "화합 : [화학] ① 두 가지 이상의 물질이 그 본래의 성질을 잃고 다른 성질을 가진 물질로 결합하는것, 또 그러한 변화 ② 같은 물질의 분자 몇 개가 서로 결합하여 한 개 분자처럼 작용하는 현상"이라고 북한 사전에서는 적어 놓았다. 역시 유물사관에 입각한 해설로서 은연 중에 개성을 말살하고 단체에 예속시키려는 의도가 담겨 있다.

그런데 우리 사전에는 "화동하여 합함"이라고만 가볍게 다루고 있으니 좀더 구체적으로 풀어야 할 것이다. 곧 합치점을 찾아 돕는 것이어야 한다. 한 사람의 지시(독재)에 모든 사람이 따르는 것이 아니라 여러 사람의 생각(여론 · 민의)에 한 사람이 굽히는 것을 뜻한다. 여기에 참다운 민주생활이 존재할 수 있는 것이다.

우리 사전에는 "민주 : ① 주권이 국민에게 있음 ② [정치] 민주주의"라 했고, 또 "민주공화국 : [정치] 국체가 민주국체이며 정체가 공화정체인 나라, 곧 통치권이 국민에게 있고, 주권의 운용이 국민의 의사에 의하는 나라"라고 밝혀 놓았다. 이게 바로 우리가 추구하는 민주의 실상이요, 우리가 누려야 할 마땅한 권리이다.

그런데 북한 사전에서는 "민주주의 : ① 주권을 틀어쥔 계급이 자기 자신의 자유와 권리를 행사하는 것을 내용으로 하는 계급적 독재의 한 측면, 프롤레타리아~부르주아~, ② 어떤 조직이나 집단의 전체 성원의 의사를 충분히 반영하여 전체의 이익을 보장하는 사업 방법, 또는 그러한 원칙"이라고 했다.

민주주의를 계급적 독재의 수단이라고 해석하는 그곳에서는 이미 "민중 : '인민대중' 을 이르던 말"이라고 민중을 과거시제 속에 묻어버리고 있는 것이다.

그러니 우리 사전에 아직도 남아 있는 "민중 : ① 다수의 국민 ② 모든 국민을 동등하게 단지 일원으로서 본 전체, 민서民庶"라는 말의 소중함을 알아야 한다. 더구나 "자유 : ① 남에게 구속을 받거나 무엇에 얽매이지 아니하고 자기 마음대로 행동하는 일 ② [법률] 법률의 범위 내에 있어서의 자기 마음대로의 행위, 완전한 권리 · 의무를 가지는 일, 자율적 활동 ③ [철학] 남으로부터 규정 · 구속 · 강제 · 지배를 받지 아니하는 일"이라고 풀이한 우리 사전에 견주어 북한 사전에서는 "① 정치적 · 경제적 억압이 없다는 것 ② 자연 및 사회의 일반 법칙을 인식한 데 기초하여 사람들이 자기의 목적과 지향을 실현할 수 있는 가능성 ③ 낡은 사회의 부르주아 자유주의의 표현으로서 무엇에도 얽매이지 않고 제멋대로 행동할 수 있는 가능성"이라고 하면서 또 고딕체로 김일성의 말로 "부르주아지의 자유에 대하여 말하기를 좋아합니다. 그러나 그들의 자유란 지주, 자본가들이 근로자들을 착취할 수 있는 자유이며, 노동자, 농민에게 있어서는 헐벗고 굶주릴 수 있는 자유입니다."고 토를 달아놓았다.

이러니 자유도 가볍게 마음대로 해석해서는 어처구니 없는 결과를 초래할 판이다.

과연 '질서와 자유', '화합과 민주'는 좋은 것이다. 그러나 "마른 떡 한 조각만 있고도 화목하는 것이 고기 반찬이 집에 가득하고 다투는 것보다 낫다."는 솔로몬의 이야기를 명심해야 할 것이다.

아니 그보다 한 술 더 떠서 "기름진 고기를 가진 이는 그것을 떼어 주린 이를 먹이고 더불어 잘 사는 즐거움을 누려야 한다."고 내가 말한다면 이를 주제넘다 할 것인가?

효불효 이야기

"자녀들아, 너희 부모께 주 안에서 순종하라. 이것이 옳으니라. 네 부모를 공경하라. 이것이 약속 있는 첫 계명이니 이는 네가 잘 되고 땅에서 장수하리라."(에베소서 6장 1절)

이는 성경에서 우리에게 어버이를 섬기는 도리를 가르치는 말씀이다.

우리가 사람으로 이 세상에 태어나게 된 것은 하나님의 섭리로 아버지와 어머니의 몸을 빌어 이루어진 것이다. 그러기에 자식은 그 어버이를 떠나서는 아무런 일도 할 수 없는 것이다. 그래서 동양 사람들은 일찍부터 효도를 강조하고, 효로써 인륜 도덕의 근본으로 삼았다.

《효경》에서 말하기를 "효는 덕의 근본이며, 모든 가르침이 여기에서 비롯된다."고 했고, 또 "효는 인간 도리의 큰 근본이기 때문에 모든 행실의 근본이며, 온갖 착한 행실의 시초인 동시에 인(어질음)을 실천하는 근본이요, 생민의 근본이라."고 했다. 그런가 하면 "천지의 성품 중에 사람이 가장 귀하고, 사람의 행실에서 효도보다 더 큰 것은 없다."고도 했다.

그러니 사람으로서 살아가면서 어버이께 효도를 다하는 것이 가장 먼저 할 일이요, 자녀에게 효로써 가르치는 일이 가장 소중한 일이 아니겠는가?

우리 조상들은 "몸의 머리카락과 살갗은 부모에게 받은 것이니, 몸을 헐고 상하게 하지 않는 것이 효의 시작이라."(효경)고 했다. 그래서 이른바 개화기에 고종께서 단발령을 내리자 온 나라의 선비들이 "이 목을 벨지언정 이 머리카락은 자를 수 없다."고 맞섰던 것이다. 이것은 좀 너무 우직하다고 여길 수도 있으나 그것은 효심의 발로였던 것이다.

그런데 요즘의 세태는 어떠한가? 어린이와 젊은이들이 머리카락을 울긋불긋 염색하고, 귀를 뚫고 코를 뚫어 고리를 매다는가 하면 심지어 혓바닥에까지 구멍을 내어 쇠붙이를 박으니 어찌 이런 일을 불효라 하지 않겠는가? 더구나 어버이에게 받은 살갗을 칼로 찔러 물감을 들이는 문신이야말로 범죄 집단의 구성원임을 부끄러워하지도 않는 부도덕한 무리이니 크나 큰 불효가 아닌가? 모름지기 모든 가정에서 어버이들이 자녀들에게 이런 초보적인 불효를 깨우쳐 바로잡아야 할 것이다. 한국 사람은 조상 대대로 검은머리가 정상인데 서양 사람을 닮겠다고 그런 짓을 한다면 이 또한 근본을 버리고 남의 종살이를 자처하는 노릇이라 할 것이다. 그러니 가정에서, 학교에서, 교회에서, 사회에서, 나라에서 어른들이 먼저 깨달아 자녀들을 훈육해야 한다.

《예기》에서는 효도의 높낮이를 세 가지로 말하고 있다.

"효에는 세 가지가 있다. 가장 큰 효는 어버이를 존귀하게 함이요, 그 다음은 어버이께 욕을 돌리지 않음이요, 그 아래는 어버이를 봉양함이라."고.

자녀가 의식주로써 어버이를 섬기는 것은 기본적인 효이고, 가장 고귀한 효는 자식의 선행으로 어버이의 이름이 널리 존경을 받게 되는 것임을 말하고 있다. 그러니까 효의 근원은 자식의 행실에 달려 있다는 것이다.

또 《맹자》에서는 다섯 가지의 불효를 말하고 있다.

첫째는 자식이 게을러 어버이를 봉양하지 않는 것.

둘째는 자식이 도박과 술을 좋아하고, 어버이를 돌보지 않는 것.

셋째는 자식이 재물을 좋아하고 처자식만 챙기며 어버이를 돌보지 않는 것.

넷째는 자식이 귀와 눈을 만족시키려고 어버이를 욕되게 하는 것.

다섯째는 자식이 용맹함을 좋아해서 성내고 싸워서 어버이를 위태롭게 하는 것.

이렇듯 행실이 바르지 못한 자식 때문에 그 어버이의 근심걱정이 그칠 날이 없다면 어찌 효가 살아있다 하겠는가?

그러므로 우리가 효자이기를 바란다면 어버이 섬기기를 살아서는 공경을 다하고, 봉양함에는 즐거움을 다하고, 병든 땐 근심을 다하고, 돌아가시면 슬픔을 다하고, 제사(추도예배)를 지낼 때는 엄숙함을 다해야 할 것이다.

신라의 흥덕왕 때 모량리 사람 손순은 늙은 어머니의 봉양을 위해 어린 자식을 땅에 묻으려다가 석종을 얻고, 마침내 아들도 살리고, 임금의 포상으로 한 채의 집과 해마다 쌀 50섬을 받게 된 이야기는 너무나도 유명하거니와 효녀 지은이의 이야기도 그만두기로 하고 여기서는 송창근 목사님의 이야기를 소개하고자 한다. 그 분은 서울 성남교회의 창설자요, 조선신학교(지금 한신대학교)의 교장을 지내시다가 김일성란(이른바 6 · 25동란) 때 납북되셨다.

소년 시절부터 애국운동과 유학을 하러 다녔으므로 오랫동안 부모님과 떨어져 살다가 어머니는 이미 돌아가시고 광복 후에야 아버지만 모시고 살게 되었다. 그런데 아버지가 차츰 노망(요즘 말로 치매증)이 드셨다. 하루는 아버지가 예전에 식사 때 반주하던 생각이 나서 아들 송 목사님을 보고 "동생아, 나 술 한 잔만 사다 주게."하며 졸랐다. 얼마 동안 잠자코 있던 송 목사는 견디다 못해 주전자를 들고 술집으로 갔다. 이웃에 오랫동안 함께 살아서 낯익은 주인이 깜짝 놀라 어리둥절했다.

그러나 "잠자코 한 주전자만 주시오."라는 송 목사의 청을 따를 수밖에. 술을 받아 돌아오는 송 목사의 눈에는 눈물이 고여 있었다.

끝으로 선조 대왕의 손자이신 낭원군 이간이 부모의 은덕을 기린 시조 한 수를 노래하기로 한다.

"어버이 날 낳으셔 어질거라 길러내니
이 두 분 아니시면 내 몸 나서 있을 소냐
아마도 지극한 은덕을 못내 갚아 하노라."

잃고 얻은 기쁨

밤늦게 집으로 돌아와 옷을 벗다가 당황했다. 바지의 뒷주머니에 있어야 할 지갑이 없었다. 윗옷과 가방이며 온 방 안을 뒤져도 보이지 않았다. 아마 저녁에 출판회관에서 있던 모임에 다녀오다가 소매치기를 당한 것이 아닌가 싶었다. 지갑에는 돈과 함께 주민등록증과 은행카드가 들어 있지 않은가? 오늘은 토요일이니 월요일 아침 일찍이 은행과 동회에 가서 분실신고를 하기로 마음먹었다. 그러나 혹시 내일 중에 다른 사람이 카드를 쓰게 되면 그 피해가 클 것이다. 잠자리에 들어서도 이럭저럭 걱정이 되어 전전불매했었다.

그런데 이튿날 아침에 뜻밖의 사람에게서 전화가 왔다.

"이상보 박사님이시죠?"

"예, 그렇습니다. 무슨 일입니까?"

"선생님께서 잃어버린 지갑을 우리가 보관하고 있으니 찾아가십시오."

"고맙습니다. 내일 아침에 찾아뵙겠습니다. 참으로 감사합니다."

그는 출판회관에 근무하는 정진해 씨라고 했다. 청소부인 백춘옥 님이 화장실을 청소하다가 주웠다고 했다. 마침 지갑 속에 내 명함이 들어 있었기에 전화를 할 수 있었다고 했다.

어제 밤새껏 걱정했던 괴로움은 말끔히 가시고, 기쁨과 감사로 아침밥을 맛있게 먹을 수 있었다. 교회에 가서도 정씨와 백씨를 통해 하나님의 돌보심을 확인시켜 주셨음을 감사했다. 누가 이 세상을 죄악이 가득 찬 어둠뿐이라고 했던가? 이렇듯 선의와 밝음이 충만한 사회에서 살게 해 주신 주님께 거듭거듭 감사하며 온 종일 기쁨으로 시간이 가는 줄도 몰랐다.

월요일 아침에 출판회관으로 가서 정씨를 만나 백씨를 찾으니 쉰 살쯤 되어 보이는 아주머니였다. 돌려받은 지갑은 화장실 바닥 물에 흠뻑 젖어있었다. 그 속에는 그렇게도 걱정했던 주민등록증과 은행카드가 보아란 듯이 들어 있었다.

"좀더 많았으면 좋았을 것인데 얼마 안 되지만 이 돈 칠만원은 제 감사의 표시로 받아주세요. 그리고 이 천 원은 제가 가져가겠습니다."

"이러시지 않아도 되는데요."

"아니어요. 저는 적은 돈을 잃었다가 아주 큰사랑을 얻었습니다."

나는 물기로 붙어있던 만 원 권 일곱 장과 천 원 권 한 장을 떼어내어 서로 나눠 가지며 커다란 기쁨을 맛볼 수 있었다.

그렇다. 이 땅에는 비록 어렵고 고달프게 살아가면서도 양심을 잃지 않고 살아가는 착한 이들이 얼마나 많은가? 이런 분들 때문에 그 일터와 사회와 나라가 밝게 유지되는 것이 아닐까?

"출판회관의 이사장님은 아직 나오시지 않았나요?"

"그분 오늘은 나오시지 않을 겁니다."

"그럼 이만 가보겠습니다. 모두 건강하세요. 고맙습니다."

나는 그곳의 책임자를 만나서 백 여사의 아름다운 이야기를 들려주며 기회를 보아 그분의 착한 행실을 기려주시도록 부탁하고 싶었다.

아무튼 내가 지갑을 잃고 괴로워했던 짧은 시간보다 견줄 수 없을 만큼 커다란 믿음과 사랑을 얻고 돌아왔던 그 기쁨은 오늘도 잊을 수 없으니 이 무슨 조화인가?

최선의 삶

요즈음 신문을 펴들면 우울해진다. 날마나 살인과 폭력으로 얼룩진 지면을 대하자니 밥맛도 잃게 된다.

그 한 가지 보기는 이렇다. 어버이의 지나친 허영으로 돈의 위력만 믿고서 도피성 유학을 보냈더니 그 아들이 패륜아가 되어 돌아와 양친을 죽이고 집에 불을 지른 사건이다. 애초부터 공부에는 취미가 없는 스물세 살짜리를 이역만리 낯선 고장인 미국으로 보내 놓았으니 그곳에서 보고 배운 것이 무엇이겠는가?

유유상종이라 엇비슷한 처지의 불량배들과 도박판에 드나들며 거액의 놀음빚만 진 것이다. 그러니 어버이로서도 화가 날 수밖에 없어 막가는 말로 부자지간의 의절을 선포했것다. 그래서 부모 아닌 원수인 셈치고 죽인 다음에 유산을 찾이하자는 정신분열증에 빠져든 것이다. 그럼 이 죄업을 지은 이는 누구란 말인가? 결과적으로 아들이라 할 것이다. 그러나 원인 제공자는 어버이였음을 어찌할 것인가?

본래 자녀는 어버이를 꼭 빼닮는다고 했다. 얼굴, 몸짓, 말씨, 버릇 따위 아니 마음씨까지도 자녀는 부모를 본따서 태어나는 것이다. 그러니 자녀가 말썽을 부리고, 나쁜 길로 빗나간다면 그 모든 책임은 어버이에게 있음을 깨달아야 한다. 그래서 먼저 부모 자신이 변화되어 자녀를 사랑으로 감싸고, 명랑하고 화목한 가정으로 제자리를 잡는다면 자녀에게는 잔소리나 꾸지람을 안해도 저절로 바로잡힐 것이다.

이른바 가정교육의 실종이 패륜아를 만들어낸 원인이었다.

옛날에 이땅에서는 《천자문》과 《추구집》, 《사자소학》과 계몽편 등을 서당에서 어린이들에게 가르쳤다. 그것들은 젖내나는 어릴 적부터 사람의 도리란 어떤 것인지를 가르치는 가장 기본적인 인성교육의 모습이었다.

어린이 교육을 위한 우리나라 최초의 교과서라고 할 수 있는 것에 박세무(1487~1564)가 지금 《동몽선습》이 있다. 그 책의 맨 첫머리는 이런 말로 시작된다.

하늘과 땅 사이의 만물 중에 오직 사람이 가장 귀하다. 사람이 귀한 까닭은 다섯 가지 인륜(사람의 도리)이 있기 때문이다. 그러므로 맹자께서 말씀하시기를 '어버이와 아들 딸은 친함이 있고, 임금과 신하는 의리가 있고, 남편과 아내는 분별이 있고, 어른과 어린이는 차례가 있고, 벗끼리는 믿음이 있다.' 고 했으니, 사람으로서 이 오상(다섯 가지 떳떳함)을 알지 못하면 그 날짐승과 길짐승에 멀지 않다. 그러니 어버이는 인자하고, 아들딸은 효성스러우며, 임금은 의롭고, 신하는 충성스러우며, 남편은 온화하고, 아내는 순하며, 형은 사랑하고, 아우는 공경하며, 벗은 인(어짐)을 도운 뒤라야 바야흐로 사람이라 할 수 있다.

고 한 것이다.

그래 이런 가르침을 낡았다고 버리고, 미국땅에서 배워야 새로운 사람이 된다는 말인가?

어제 신문에는 미국 켄터키주에 있는 라인고등학교에 다니는 열일곱 살 된 학생이 가정문제로 말다툼하던 부모와 여동생을 죽이고 태연히 등교하여 '오늘은 재수없는 날' 이라고 학우들에게 권총을 보여주며 말하더라는 기사가 실렸었다. 그러니 그곳 교육환경이 결코 우리보다 낫다고 말할 수 없지 않은가?

이른바 수입오렌지들은 잘못 보낸 미국 도피생이요, 토종오렌지들은 주로 강남 유흥가를 누비는 졸부와 부패 권력층의 자식들이니 썩은 오렌지의 악취가 선량한 시민들을 슬프게 한다.

또 한 가지의 보기로는 폭력과 살인과 성범죄의 범람이다. 비디오가게에서 집계한 통계에 따르면 인기순위 20위까지에서 17편이 폭력물이란다. 미국 헐리우드의 상업주의가 만들어 낸 잔혹한 폭력영화를 보고 바로 그곳과 이땅에서 신세대로 자처하는 오렌지들이 그 무시무시한 광경을 재현한 것이다. 날로 광포해져 가는 반항아들을 길러낸 사람은 바로 기성세대의 어른들이니 스스로 뿌린 씨를 악과로 거둔 것이다.

부모들의 삶이 부도덕하고 향락적이며, 투쟁을 일삼고 생명을 경시하는 풍토를 조성했기에 '쓰레기통 기아' 라는 현상까지 생겼다. 이제 인류의 역사는 핵전쟁이 아니라도 그 정신적 피폐가 극도에 달했기에 막판에 온 듯하다. 그야말로 말세의 징조가 세계 도처에서 나타나고 있으니 에이즈가 그렇고, 마약이 그렇고, 환경오염이 그렇고, 인륜도덕의 붕괴가 그렇다. 그럼 어떻게 해야 할 것인가? 무슨 대책이 있어야만 할 것이다.

첫째로 우리는 배달겨레로서의 자긍심을 가지고 전통윤리를 되찾아야 한다. 서양의 썩은 물질문명을 극복하고, 동양의 정신문화가 지닌 우월성을 깨달아야 한다. 삼강오륜의 덕목을 새롭게 닦아내어 현실에 알맞게 살려야 한다.

어버이와 스승과 어른들을 공경하며, 아들 딸과 제자와 어린이를 사랑으로 키우는 일처럼 가장 우선하는 일이 없음을 가르쳐야 한다. 이러한 위아래의 자리매김이 바로잡혀야 이웃과 화목하고, 벗들과 신의를 지키는 사회생활도 원만해질 것이다. 이것이 올바른 한국적 민주주의라 할 것이다. 어설픈 수평적 사고에서 위아래도 없고, 남녀 구별도 없는 피상적 평등사상은 사이비 민주주의는 될지언정 참다운 민주주의는 아닌 것이다.

둘째로는 올바른 인생관을 가져야 한다. 최고를 좋아할 것이 아니라 최선을 추구해야 한다. 이른바 성적 점수가 최고라야 일류학교라 한다. 그러나 인생은 성적 점수와는 상관이 없다. 그 인격이 착하고 아름다운 선한 사람이 으뜸인 것이다.

돈이 많으면 좋다. 그러나 그 돈이 사람을 살리는 데에 쓰여야 제 값을 하지, 자신의 사치와 쾌락을 위해 쓰일 때는 제 몸이 썩고, 패가망신하여 마침내 죽음에 이를 것이다. 돈이 없어도 좋다. 검소한 삶으로 낮은 자리에서 남을 섬기고, 오순도순 정을 나누며 살아간다면 오히려 고층아파트나 넓은 저택에서 가정불화로 냉랭한 나날을 보내는 것보다 백배도 더 나은 것이다.

오늘 아침에 '콩팥 떼어 아버지 살린 현대판 심청이' 의 이야기를 신문에서 읽었다. 주인공은 열일곱 살 난 여자상고의 3년생 전혜영 아씨다. 가난하지만 단란했던 가정이 택시운전사인 아버지가 동맥경화증으로 6년 동안이나 앓다가 두 차례의 수술을 했으나 신부전증이란 합병증이 나타난 것이다. 콩팥 한 개 에 2천만 원이란 거금이 드는 심장이식수술을 엄두도 못 낼 처지에서 그 딸은 '내 콩팥을 떼어내 아버지를 살리겠다.' 고 의료진에게 매달려 마침내 무사히 수술을 했다는 기사다. 전세 6백만 원에 월세 6만 원의 셋방에서 날품파는 어머니와 병석에 누운 아버지와 함께 1남 2녀의 남매들이 살아가고 있다. '가난하지만 요즘 신세대와는 다른 효성이 지극한 딸을 두어 마음이 든든하다.' 며 활짝 웃고 있는 아버지의 어깨를 주물러주며 '앞으로 얼마 남지 않은 학창생활을 충실히 보낸 뒤 회사 사무직으로 취직하는 게 꿈' 이라고 말하는 부녀의 밝은 얼굴의 사진이 내 가슴을 뭉클하게 하였다.

그렇다. 이렇게 최선의 삶을 살아가는 이웃들이 있기 때문에 아직도 우리는 희망을 가지고 행복감에 젖을 수 있는 것이다.

2부

아름다운 이야기

아침에 눈을 뜨자마자 세수를 한 다음에는 컴퓨터를 열고, 내게 온 누리편지(이-메일)와 여러 신문사의 새 소식(뉴스)을 본다. 날마다 일어나는 나라 안팎의 소식들은 즐겁고 가벼우며 밝은 일들보다 슬프고 무거우며 어두운 내용들이 더 많은 듯해서 언짢을 때가 있다.

그러나 오늘 아침에는 눈을 크게 뜨고 읽으며 벅찬 느꺼움으로 다가오는 흐뭇하고 아름다운 이야기가 있어 나로 하여금 그지없는 기쁨을 누리게 한다.

“거지에서 병원장까지…. 남자 헬렌 켈러”란 큰 제목으로 놀라운 기사가 실린 것이다.

아시아의 노벨상으로 불리는 막사이사이상의 공공분야에서 올해의 수상자로 7월 31일에 뽑힌 김선태 목사님(66세, 실로암 안과병원장)의 이야기는 대충 다음과 같다.

그는 열 살의 어린 나이로 이른바 김일성란(한국전쟁) 때 폭탄 파편을 맞아 시력을 잃고, 어버이마저 폭격으로 돌아가셨다. 거지가 되어 죽을 고비를 여러 번 넘겼으나 크리스천이었던 할머니의 도움으로 살아나서 성직자가 되겠다고 다짐했다. 밤낮으로 열심히 공부하며 헬렌 켈러처럼 박사학위 세 개를 따는 꿈을 꾸고, 미국의 매코믹대학에서 목회학박사의 학위를 받고, 뒤에는 명예철학박사와 명예신학박사의 학위까지 받게 되어 마침내 세 개의 박사학위를 가진 시각장애인이 되었다. 그는 어려서부터 꿈꾸어오던 대로 시각장애인교회를 세웠으며, 점자성경과 점자찬송가를 펴내고, 앞을 못 보는 젊은이 1,000명에게 장학금을 주기도 했다. 그리고 1986년에는 독지가의 도움을 받아 서울 둔촌동에 실로암 안과병원을 세워 지금까지 27,000명이 개안수술을 받고, 또 실명위기에 처한 35만 명에게 무료 안과진료를 했다는 것이다. 또 최근에는 46인승 리무진버스에 안과 시설을 갖추고 돈이 없어 진료를 못 받는 시각장애인들을 찾아다니고 있다는 이야기를 읽으며 어찌 눈물이 나오지 않겠는가? 내 일처럼 고맙고 죄송하고 미안함을 느꼈다.

그분이 가슴속에 담아온 성경말씀은 "나의 나 된 것은 하나님의 은혜로 된 것이니, 내게 주신 그의 은혜가 헛되지 아니하여, 내가 모든 사도보다 더 많이 수고하였으나 내가 아니요, 오직 나와 함께 하신 하나님의 은혜로다."(고린도전서 15장 10절)라고 했다.

우리는 이 누리에 내려올 때 저마다 서로 다른 몫(달란트)을 받고 태어난다. 나면서부터 튼튼하고, 똑똑하고, 크게, 온전하게 태어나는 이가 있는가 하면, 어떤 애는 여리고, 미련하고, 작게, 부실하게 태어난다. 앞사람들은 좋은 처지에서 시작하고, 뒷사람들은 나쁜 여건에서 살아야 한다. 그러나 모두가 한결같은 하나님의 사랑으로 만들어졌음을 믿고 열심히 제 몫을 다해야 한다. 헬렌 켈러 여사와 김선태 목사와 같은 이들처럼 어려운 시련을 이겨내며 이웃을 제 몸같이 섬기는 갸륵한 삶을 보면서 우리는 '다른 뫼의 돌' (타산지석)로 삼아야 하지 않을까?

"훌륭한 사람은 어린 시절의 마음을 잃지 않는 사람이다."라는 옛 속담도 있거니와 어려서 굳게 다짐한 갸륵한 꿈이야말로 자라서 놀라운 자취를 남기는 것이 아닌가 싶다.

오늘 하루는 내가 놀랍고 기쁜 소식(복음)을 들었으니 보람되게 살 수 있을 것 같아 고마운 일이다.

조선엿과 인절미

1984년 7월 13일, 천하에 이름을 떨친다고 그들이 말하는 일본의 구마모도에 내 발길을 들여놓았다.

우리의 숙적 가또오 교마사가 일곱 해를 걸려 성을 쌓았으나 1607년에 완성할 때는 이미 도꾸가와 이에야스를 거쳐 히데다다의 수중에 들어가 있었다. 그런 뒤로 54만 석이나 되는 호소가와 씨가 임자 노릇을 하던 곳이어서 오랜 역사의 이끼가 끼어 있었다. 일찍이 나쓰메 소오세끼가 구제 오고(지금의 구마모도대학의 전신)에서 교편을 잡으며 5년 동안이나 살았던 곳이기에 소오세끼기념관에는 그의 초상화와 '봇짱'(도령님)의 원고며 책들이 전시되어 있었다.

구마모도 성 앞에서 전차를 타고 스이젠지공원으로 가는데는 10분 남짓 걸렸다. 그 공원은 히고한슈였던 호소가와 다다

도시가 맨처음으로 스이젠지란 절을 지었으나 뒤에 절을 옮기고, 그 자리에 별장을 세워 조오쥬엔이라 불렀다. 동산과 연못을 회랑처럼 가꾸어 놓은 넓은 정원이라서 소오세끼도 "솟아오르고 흘러가기 때문에 봄날의 물살"이라고 읊었듯이 연못에서 솟는 맑은 물과 둘레를 감싸는 푸르름의 숲들이 아름다웠다. 특히 스이젠지의 후지산이라고 불리는 동산의 배경으로 사진을 찍다가 안내판에 눈길이 쏠렸다. 거기엔 대충 이런 내용이 씌어 있었다.

"조오센아매(조선엿) : 제조법은 천이삼백 년 전에 아리아께시라즈비연안에 표류해 온 견당사가 중국의 제조법을 전해 준 것이 최초였을 것이라 한다. 당시는 보존식의 일족이었으나 가또오 교마사가 분꾸 · 게이쪼의 역에 진중식으로 휴대했기 때문에 이것을 기념하여 '조오센야매'란 이름이 생겼다고 전한다. 독특하고 고아한 풍미와 장기간 보존할 수 있으며 변질하지 않는 것으로 유명하다."는 일본글이었다. 나는 그 간판 앞에서 구역질을 느꼈으나 그곳의 명물인 이른바 '조선엿'을 한 상자 사서 맛보지 않을 수 없었다. 그런데 콩고물을 묻힌 것과 흰 팥고물을 묻힌 인절미가 그 상자 속에 들어 있었다. 역시 감질나게 작게 썰어놓은 것으로 장기판의 병졸이었다. 그래 우리의 찰떡을 엿이라고 하다니 어이없는 일이요, 더구나 중국의 제조법이라니 터무니없는 무식쟁이가 아니면 고의적인 날조가 아닌가. 그렇지 않아도 일본이 근대사의 서술에서 동양침략을 진

출로, 독립운동을 폭동으로 왜곡시키는 얄팍함이 여기에도 나타난 것이다. 마침 자유중국에서 왔다는 삼십여 명의 관광객이 나와 함께 선물상점에 있었으나 어느 누구도 '가게 기둥에 입춘' 격인 조오센아매를 거들떠보지 않은 것이 오히려 다행한 일이었다. 그래 그 조선떡을 명과라고 대를 이어 만들어 오는 일본사람들이 엿과 떡의 구분도 하지 못한다는 것은 말도 안 된다. 그들의 광사림에는 "모찌 : 쌀, 조, 수수 등의 차진 것으로 쪄서 이것을 찧어 뭉갠 식품, 찌거나 구워서 먹음"이라고 떡을 설명했다. 또 엿은 "아매 : 떡쌀을 쪄서 엿기름을 넣고 열탕을 가해서 찧은 것을 솥에 넣어 고은 맛이 단 음식. 굳은 엿과 물엿의 구별이 있다."고 했다. 그러니 '조오센아매'는 마땅히 '조오센모찌'라고 해야 할 것인데 덩그렇게 간판까지 걸어 놓고 떡을 엿이라고 팔아먹는 꼴이니 양두구육도 분수가 있어야 할 노릇이다.

그럼 우리네 엿은 과연 어떤 것인지 알아보자. "엿 : 밥에 엿기름 물을 부어 식힌 뒤에 겻불로 밥이 물처럼 되도록 끓이고, 그것을 자루에 넣어서 짜낸 다음에 다시 끓여서 식히어 굳게 만든 음식. 맛이 매우 달며 빛깔은 검붉은데 이것을 엿이라 하며, 다시 자꾸 잡아 늘이어 빛깔이 희게 된 것을 흰 엿이라 함. 밥은 보통 입쌀로 하나 밥의 재료에 따라서 찹쌀엿, 좁쌀엿, 수수엿, 옥수수엿 등이 있고, 굳게 만들 때에 넣는 양념에 따라서 깨엿, 콩엿, 호두엿, 잣엿 등이 있음"이라고 국어사전에 설명해

놓았다. 그리고 떡은 "곡식가루를 시루에 앉혀 찌거나 삶거나 또는 소댕에 부치어서 만든 음식의 총칭, 흰떡 시루떡, 송편, 인절미 등"이라고 해놓았다. 그런가 하면 며칠 전에 텔레비전에서 보니까 울릉도의 감자엿이 소개되는데 대강 이런 것이었다. "감자를 갈아 자루로 짜서 개떡 같은 솥에다 쪄서 콩가루를 묻혀 그 위에 둥글게 만두처럼 군데군데 놓고, 익으면 또 그 위에 개떡같이 둥글게 놓고, 콩가루를 얹고 찐 다음에 접시에다 담아서 뜨거울 때 먹는다. 물렁하고 고소한 맛이 난다."는 것이니 어쩌면 구마모도에서 본 조선엿은 울릉도의 감자엿에 가깝다고나 할까? 그러나 엿은 가래엿으로 만들 수 있을 만큼 굳어진 것이 제격이렷다. 그런데도 일본인들은 임진왜란 때 교마사가 분명히 한국의 부엌이나 골방에서 훔쳐 먹었을 인절미를 가져다가 조오센아매라고 떡 주무르듯하고 있으니 그야말로 엿장수 마음대로라 할 것이다. 하기야 명치시대의 문호라고 일컬을 만한 나쓰메의 이름도 돌로 입을 씻는다는 뜻으로 소오세끼라고 했겠지만 실은 그 말 뜻을 그르친 셈이다. '진서' 손초전에 보면 어느날 손초가 은퇴하고자 벗에게 이르기를 마땅히 '침석수류' (돌을 베개삼아 자고, 흐르는 물에 양치질하는 자연인이 되고자 한다는 뜻)라고 해야 할 것을 잘못 '침류수석' 이라 했것다. 그런 것을 나쓰메는 삐딱하게 '수석' 쪽을 추함으로써 제 흰 이빨을 드러내곤 한 것이다. 아무튼 오랜 역사를 지니고 있는 구마모도는 아름다운 자연경관과 함께 근대적인 빌딩

숲이 조화를 이루고 있어 가위 중부 규슈의 대표적 도이였다.

그런데 그곳을 스쳐가는 나그네로서 입안에 조선 인절미를 깨물은 채 조선엿으로 강요당하는 내 입맛이 씁쓰름했다면 이것을 내 식성 탓으로만 돌릴 것인가?

효도수제

사람들이 많이 모이는 공원에 가면 '잔디밭에 들어가지 마시오', '침을 뱉지 마시오.' 등의 푯말이 세워져 있다.

이것은 사람들의 잔디를 짓밟고, 침을 뱉는 경우가 많다는 사실을 입증해 준 셈이어서 오히려 공중도덕이 문란함을 드러내는 일이다.

오늘 날 이 땅에서 충효사상을 고취하는 것도 실은 너무나도 충 또는 효가 땅에 떨어져 돌보는 이가 없기 때문에 좀 치켜올려 보자는 노력일 것이다.

노자(奴子)는 '육친불화 유효자(六親不和 有孝慈)'라 했다. 어버이와 자식, 형과 아우, 지아비와 지어미의 육친 사이에 불화가 생기면 비로소 효행이니 자애(慈愛)니 하는 것이 내세워진다는 말이다. 곧 효행을 강조하고 자애를 호소하는 때는 이미 육친이 화합하지 못하고 있다는 증거가 된다.

어느 누가 공기가 맑은데 숨쉬기를 걱정하며, 배가 부른데 쌀 생각을 할 것인가? 이미 갖추어져 있으면 그뿐, 보채고 달라 할 필요는 없다.

그러나 요즈음은 하도 인심이 각박해지고, 자녀들이 어버이를 공경하기는커녕 그 존재조차 대수롭지 않게 여기는 세상이 되어가는 듯하여 효를 강조하기에 이르렀나 보다.

효도(孝道)를 가리켜 온청(溫淸)이라고도 한다. 겨울에는 따뜻하게, 여름에는 시원하게 어버이를 모시는 것을 말한다. 또 정성(定省)이란 말도 쓴다. 저녁에는 잠자리를 펴 드리고, 아침에는 문안을 여쭈는 행동이 바로 효도이다.

"동온이하청 혼정이신성(冬溫而夏淸 昏定而晨省) (曲禮上)"은 쉬운 일이요, 또한 어려운 일이다. 자녀로서 자연히 솟아오르는 공경심만 있으면 이런 일상적인 행위는 결코 못해낼 만큼 어려운 일이 아니다. 그러나 부질없는 자만심과 어버이께 향한 순수한 감정을 상실했을 때는 참으로 실행하기 쉽지 않을 만큼 쑥스러운 일이다.

송순(宋純)은 그의 〈오륜가(五倫歌)〉에서,

아버님 날 낳으시고 어머님 날 기르시니

두 분 곧 아니시면 이 몸이 살았을까?
하늘 같은 가없는 은덕을 어디 다해 갚사오리.

라고 노래했다. 그저 낳고 길러주신 은혜를 생래적(生來的)으로 깨달을 때에 그 큰 은덕을 보답해야 하겠다는 마음이 생기며, 그것이 바로 효성심이다.

공자孔子님의 제자에 만손(閔損)이 있었다. 일찍이 어머니를 여의자 그의 아버지가 재취하여 아들 둘을 낳았다. 계모는 자기의 소생만 귀여워하고, 전처의 아들인 손은 미워했다. 겨울철에 두 아들에게는 솜을 두툼하게 둔 옷을 해 입히면서도 손에게는 갈대꽃을 따서 옷에 두어 입혔다.

손은 추위를 견딜 수가 없었지만 아무런 불평도 하지 않았으므로 집안은 평화롭게 지낼 수가 있었다.

하루는 아버지가 외출을 하려는데 말몰이꾼이 없어 손이 대신 말을 몰고 가다가 너무나도 추운 겨울 날씨라 몸이 떨려 도중에 말고삐를 놓쳐버렸다.

그의 아버지는 아들의 옷을 만져보고 그 사실을 알자 후처를 내쫓으려 했다. 이에 손은 아버지 앞에 무릎을 꿇고,

"어머니가 계시면 자식 하나만 춥게 지내지만, 어머니가 떠나시면 세 자식이 모두 외롭게 되옵니다."

하고 간곡히 말렸다. 그 아버지는 아들의 말을 좇아 후처를

내보내지 않으니, 계모도 그날부터 마음을 고쳐 손에게 사랑을 기울였다고 한다.

이는 민손의 효도와 우애(友愛)의 정성이 악독한 계모로 하여금 개과천선(改過遷善)하게 만든 예로서 우리를 감동케 한다.

역경에 처하여 오히려 효도를 다한 이야기가 많은데 왕 상이 얼음을 깨고 잉어를 얻은 '왕상빙어(王祥氷魚)'의 옛일과, 맹종이 겨울에 죽순을 나게 한 '맹종읍죽(孟宗泣竹)'이며, 노래자(老萊子)가 나이 일흔에 색동옷을 입고 노부모를 즐겁게 했으며, 손순(孫順)이 아이를 묻어 어버이를 봉양코자 한 미담가화(美談佳話)들이 헤아릴 수 없이 많다.

또 다음 같은 효부(孝婦)의 이야기가 전한다.

옛날 최산남(崔山南)이란 사람의 증조모로 장손부인(長孫夫人)이란 분이 있었다. 나이가 많아 아무 음식도 먹지 못하게 되었다. 이에 그 며느리가 지성껏 시어머니를 섬기는데 날마다 아침이면 빗질해 드리고 머리를 감아드린 뒤에, 뜰 아래로 내려가서 절하고는 방으로 들어와서 그 시어머니에게 자기의 젖을 먹였다. 날마다 이렇게 하니 늙은 시어머니는 비록 밥을 수 년 동안 먹지 않고서도 강녕하기가 오히려 평상시보다 더했다.

그런지 여러 해가 지나 운명하게 되니 온 집안 식구들을 모아 놓고 유언을 하였다.

"내가 이제 천수(天壽)를 누리고 가거니와 며느리의 고마운 효성을 갚을 길이 없구나. 내 마지막 한 말을 남기노니, 며느리에게도 자식과 손자가 있을 것이다. 그 자손들도 며느리가 내게 하던 대로 효도와 공경을 하면 우리 문중은 크게 창성할 것이다."

장손부인이 죽은 뒤에 그 자손들은 과연 그 유언대로 부모에게 효성이 극진했으므로 최씨 가문이 매우 번창했다고 한다.

오늘날 시어머니를 섬기되 이렇게까지 극진히 사랑할 수 있는 사람이 과연 몇 명이나 될까?

자기의 젖꼭지를 늙은 시어머니에게 물린다는 순수무구(純粹無垢)한 마음씨를 어디에서 찾을 수 있겠는가?

우윳가루가 범람하고, 생활양식이 발달했으니 그런 원시적인 인간관계는 성립될 여지가 없단 말인가?

오늘날 물질적으로 풍부하게 살아가기 때문에 오히려 이러한 아름다운 고부(姑婦)의 정을 나눌 수 없다면 불행한 일이 아닐 수 없다.

역사상으로 효부가 많은 중에도 수천 년을 내려오며 가장 감명깊게 읽을 수 있는 미담은 구약성서 속에 있는 룻의 이야기다.

나오미의 두 아들이 죽었다. 청상과부가 된 두 자부들을 친정으로 떠나보내려 하니 큰며느리 오르바는 떠났으되 작은며느리인 룻은 끝내 붙좇았다.

룻이 시어머니에게 말하기를,

"나는 어머니를 떠나며, 어머니를 따르지 말고 돌아가라 강권하지 마옵소서. 어머니께서 가시는 곳에 나도 가고, 어머니께서 유숙하시는 곳에서 나도 유숙하겠나이다……. 어머니께서 죽으시는 곳에서 나도 죽어 장사될 것이라, 만일 내가 죽는 일 외에 어머니와 떠나면 여호와께서 내게 벌을 내리시고, 더 내리시기 원하나이다."고 하였다. 이는 룻이 그의 시어머니께 대한 효성의 극치를 보여주는 말이다. 이방인 모압민족의 어린 여자로서 유다 베들레헴 사람인 시어머니를 이처럼 극진히 섬기고자 한 것은 죽은 남편 말론에 대한 사랑의 표현이기도 했으리라.

그리하여 그들은 보리 추수를 시작할 때에 베들레헴에 이르렀다. 룻은 밭에 나가 이삭을 주워다가 시어머니를 봉양했으니 오늘날 세계의 명화 '이삭줍는 여인' 은 바로 룻을 두고 그린 것이다.

룻이 유력한 농장주인 보아스의 밭에서 일할 때 그의 효성에 감동된 보아스의 은혜를 입게 되었다.

"네 남편이 죽은 후로 네가 시모에게 행한 모든 것과 네 부모와 고국을 떠나 전에 알지 못하던 백성에게로 온 일이 내게 분명히 들렸느니라. 여호와께서 네 행한 일을 보응하기를 원하노라."고 말한 보아스의 칭송대로 효부 룻은 축복받을 여인이었다.

그 시어머니 나오미도 착하고 아름다운 며느리를 위하여 꾀를 내었으니 그것은 보아스의 잠자리로 며느리를 보내는 일이었다.

그때 룻은 대답하기를,

"어머니의 말씀대로 내가 다 행하리이다."

하고 절대적인 순종을 표시했다.

마침내 보아스의 아내가 된 룻은 오벳을 낳았으니 그는 다윗의 아버지인 이새의 아버지였다. 그러므로 신약시대로 내려와서 다윗의 후손인 예수 그리스도가 마리아에게서 탄생할 수 있게 된 원인(原因)을 지은 셈이다.

진실로 효부 룻의 순종심과 시어머니 나오미의 자부를 아끼는 자애심이 이러한 커다란 환희(나오미의 뜻)를 맛보게 한 것이다.

증자(增資)도 효로써 어버이를 섬기는 데 세 가지의 차등이 있다고 했다.

"가장 큰 효는 어버이를 받들어 높이고 공경하는 것이요, 다음은 어버이께 욕이 돌아가지 않게 행동하는 것이요, 셋째는 의식주로써 잘 공양하는 것이다.(孝有三 大孝尊親 其次弗辱 其下能養 禮記祭義)"라고 말하여 정신적인 효를 더욱 높은 자리에 두었다.

그러나 아무리 효도를 하려고 해도 이미 어버이께서 타계(他界)하셨으면 불가능하니 안타까운 일이다. 그래서 정철(鄭澈)도,

어버이 살아실 제 섬기기란 다하여라
지나간 후이면 애달프다 어이 하리
평생에 고쳐 못할 일은 이뿐인가 하노라.

고 읊어 살아계실 때에 효도할 기회를 놓치지 말라고 경계한 것이리라.

더불어 사는 길

"부드럽고 여린 것이 굳세고 강한 것을 이긴다."는 말씀이 노자의 《도덕경》에 있다. 부드럽고 여리기야 물 같은 것이 없겠으나 그 물은 배를 띄우고, 쇠를 녹슬게 하고, 또 바위를 뚫기도 한다. 그와 견주어 칼은 굳세고 강하여 쇠와 나무를 자를 수 있으나 물을 벨 수 없는 것은 무슨 이치인가? 물이 칼보다 강함을 말한 것이다.

사랑과 용서, 이해와 너그러움은 여린 듯하고 미움과 싸움, 고함과 질책은 강한 것 같으나 실상은 여린 것이 강한 것을 이겨내는 진리를 알아야 한다.

옛날 조선조의 10대 임금이었던 연산군의 왕비 신씨는 효녕대군의 외손녀이며 신승원의 따님이었다. 그는 연산군이 폭정할 때에 여러 차례 간했으나 듣지를 않았다. 더구나 연산군의 애첩 중에는 숙의를 봉한 여인들이 많았는데 그들의 종이 전국 각지로 다니며 물건을 거두어 들였다. 이런 사실을 알게 된 신씨는 내수사의 종들을 단속하되 만일 본궁의 종들이 지방으로 다니며 물건을 거두어들이는 경우에는 엄중히 처벌하겠다고 말했다. 그래서 왕비의 소속인 내수사의 종들은 감히 나쁜 짓을 못했다. 그때 큰 스님 학조대사가 직지사에 있었는데 그 절의 감이 맛이 있기로 유명했다.

대사는 좋은 감을 내수사로 선물하고 다음부터는 거리가 멀어 자기가 직접 가져오기 어려우니 종을 보내면 해마다 세 바리씩 감을 보내겠다고 왕비께 아뢰었다. 그러자 왕비 신씨는 "안 될 말이오, 감은 해마다 잘 여는 것이 아니니 흉년이 들면 어떻게 할 거요. 만일 군노를 내려 보내면 또한 민폐가 크지 않겠소?"라고 거절했다는 이야기가 《수문쇄록》에 전한다. 지아비인 연산은 포악하고 방자한 성품과 거칠은 행동으로 천추에 악명을 떨쳤으나 그 지어미였던 왕비 신씨는 너그럽고 깨끗한 마음씨와 남을 아끼고 사랑하는 온유함을 지닌 분이었다. 또 한 가지만 더 《고려사》 열전에서 찾아보면 이런 아름다운 이야기도 있다.

고려 17대 임금인 인종의 왕비는 그때 세도가였던 이자겸의 따님이었다. 이른바 이자겸의 난이라 해서 어린 인종을 자기 집에 두고 죽이고자 하여 왕비 이씨를 시켜 음식에 독을 넣어 밥상을 가져가게 했다. 이씨는 아버지의 말을 따르자니 남편인

왕이 죽게 되고, 듣지 않으면 불효가 된다고 생각한 끝에 일부러 넘어져 음식을 땅에 엎질렀다. 그렇게 해서 간신히 남편을 살리고 아버지의 명령도 따른 셈이다. 이윽고 이자겸이 패하자 왕비 이씨도 역적의 딸이라고 해서 폐비가 되었다. 그러나 임금은 '상을 엎지른 공'이 있었음을 잊지 않고 토지와 노비를 하사하고 돌보아 주었다고 한다.

세상이 아무리 어수선하게 바뀌어가도 사람의 마음만은 언제나 바른 자리에 있어야 한다. 곧은 마음, 너그러운 마음, 충성된 마음, 화평한 마음 등 인생을 긍정적으로 생각하고 밝은 세상을 만들고자 애써야 한다.

요즈음 사회적으로 거센 파도처럼 술렁이는 노사문제를 보아도 그렇다. 어제까지 사장으로 깍듯이 모시던 여비서가 하루아침에 갑자기 머리에 붉은 띠를 두르고 사장실을 점거하여 물러가라고 고함치는 모습을 본다. 이러한 부도덕이 사회 전반에 깔려 있는 구조적 모순과 사용주들의 고질적 이기주의에서 비롯된 것이라고 치자. 그래도 어느 정도의 예절을 지키며 제 의사를 관철시켜야 한다. 그런데 거친 행동 때문에 오히려 역효과가 생기고, 전혀 엉뚱한 방향으로 일이 얽혀져서 도저히 풀 수가 없는 파탄으로 치닫는 경우를 어떻게 할 것인가? 내가 지난 여름에 동남아 지역을 여행하다가 목격한 사실이었다. 여러 사람의 중소기업가들이 국내의 생산시설을 줄여가면서 노동임금이 싸고 분규의 소지가 없는 동남아에 시설을 투자하기 위해

현지의 정부와 기업인들을 만나러 다니고 있었다. 그건 바로 국내의 공장은 폐업하고, 해외에다 공장을 세워 이른바 다국적 기업으로 전환시켜 보겠다는 생각이었다. 그런 생각을 실현시킬 만큼 우리네 기업가들의 경영능력이 커졌고, 또 자본활용력도 늘어났는가 싶어 대견하기도 했으나 과연 그래야 하는지 의아해졌다. 우선 한 집안끼리 고락을 나누며 더불어 살고자 힘쓰지 않고 그래 저 혼자만 잘 살자고 한눈을 팔다니 안 될일로만 여겨짐은 잘못 생각인가?

아랫사람이 불평하고 예절을 지키지 않는데는 누구의 허물이 더 많을까? 웃사람이, 더 힘센 이가, 넉넉히 가진 이가 덕을 베풀고 감싸주며 아껴 나누는 너그러움이 있었다면 그런 봉변은 안 당했을 것이 아닌가? 평소에 근검절약하고 사업에 몰두하며 사람을 귀히 여겼다면 노사분규는 일어나지 않았을 게 아닌가? 기업체가 잘 되어야 그곳에서 일하는 모두가 잘 살게 되고, 기업체가 기울면 종사자들도 쓰러지는 공동운명체로서의 깨달음이 부족한 것은 아닌지 모를 일이다. "입술이 없으면 이빨이 시시다."는 말과 같이 사용자와 노동자의 관계는 더불어 살아야만 할 손발이다. 누가 손이고 누가 발이어야 한다고 따질 것이 아니다. 손발이 어울려야 일하고 움직일 수 있으니 모두가 소중한 지체요 생명체가 아니겠는가?

사람은 이 세상에서 한평생을 살다가 간다. 그 한평생이 70년이면 예부터 드물다고 했고, 기껏 백 년이면 떠나야 한다. 웃이라야 추위와 더위를 따라 제 몸을 가리고 체온을 보호하면 그만이고, 먹기도 하루에 세 끼를 채우면 넉넉한 것을 무엇을 그리 탐내고 남상거리는지 안타까운 일이다. 이승을 하직할 때 가지고 갈 것인가?

"맨몸으로 왔다가 맨손으로 가는 게 인생"이 아니던가? 그렇다면 살아있는 동안만이라도 기쁘고 즐겁고 뜨겁게 사랑하며 지내야 할 것이 아닌가?

내가 어쩌다 좀더 가졌으면 이웃에게 나누어 주며 살아간다면 그 얼마나 복된 일인가? "주는 이에게 복이 있다."고 했것다. 물질도 나눠주고, 시간도 덜어주며 마음을 열어주어야 한다.

어느날 예수가 빈 들에서 수많은 무리들과 말씀을 하다가 날이 저물고 끼니때가 되었을 때 한 아이가 내놓은 떡 다섯 개와 물고기 두 마리로써 여자와 아이들은 빼고서도 5천 명에게 먹이고도 남은 조각이 열두 바구니에 넘쳤다는 이야기는 무엇을 뜻하는가? 그리고 또 하늘이 땅을 떠받들듯이 어린이 아랫사람의 발을 씻어야만 하는 까닭은 어디에 있는지 서로 생각해 보아야 겠다.

좁쌀책

애서가 클럽에서 좁쌀책 전시회가 있었다. 내게도 출품해 달라기에 서재에서 손에 잡히는 대로 한 보자기를 싸서 보냈다. 큰 것이라야 손바닥만 한 것이고, 작으면 5센티도 안 되는 책들이다. 그래도 몇십 권은 족히 되었다. 뒤에 전시장에 가보고 깜짝 놀랐다. 다른 출품자들이 내놓은 책들 중에는 세계적인 진귀본과 극소본이 수두룩했다. 1밀리미터를 그다지 벗어나지 않을 만큼 아주 작은 책에는 현미경까지 달려있었다. 일본에서는 마매혼(콩책)이라고 해서 오래 전부터 전문적으로 좁쌀책만 출판하는 곳도 있다. 서양에서는 이것을 미니북으로 부르고 있다.

그런데 우리나라에는 조선조 때의 선비들이 옷소매에 넣고 다니며 읽기 좋게 깨알 같은 글씨로 작은 책을 만들었다. 이른바 수진본인데 소매 속의 보배로운 책이란 뜻이다.

몇 해 전에 서울에 다녀간 일본의 서지학자요 애서가인 쇼오지 센스이가 마매흔을 만들어서 보내왔다. 가로가 7센티에 세로가 9.5센티미터짜리였다.

그래서 우리 고서연구회에서도 그것과 똑같은 크기로 좁쌀책을 만들어 보았다. 스무명이 자부담으로 좌우명을 써내고, 4백부 한정판으로 찍어서 각자가 20부씩 나눠갖기로 했다. 책을 만들고 보니 내 손바닥에 꼭 들어오는 예쁜 책이어서 흐뭇했던 기억이 떠올랐다.

마치 트랜지스터 라디오의 크기가 자꾸만 작아져서 윗저고리의 포켓에 넣고 다니게끔 된 거서럼 좁쌀책도 사랑스럽게 느껴지는 것이다.

그러구러 이번 겨울에 미국에 갈 일이 생겼다. 올해 워싱턴의 십이월은 이상난동으로 가을날씨처럼 좋았다. 여러 날을 지내면서 나는 옛책방을 찾아다녔다.

그곳에서 헌책들에 끼어 있는 옛책을 만나기란 쉽지 않았다. 그런데도 19세기에 찍어낸 책들 속에서 시집과 수필집 따위를 건져내는 기쁨은 짜릿했다.

그러나 좁쌀책은 찾지 못했다. 아쉬운 대로 네 권으로 된 몽테뉴의 《수상록》을 손에 넣은 것만도 다행이라 할까? 존 후로리오가 번역하고, 1890년에 런던에서 스토트문고로 출판된 것인데 가로가 8센티요 세로가 11.5센티나 되었다.

포켓북이라기엔 좀 작고, 좁쌀책이라기엔 어설프게 큰 어정쩡한 책이지만 애장본으로 삼을 만한 귀염성은 넘치고 있다. 그러다가 어느 슈퍼마켓 옆에 있는 새책방에서 최초에 런닝 프레스에서 펴낸 미니북(좁쌀책)을 두 권이나 샀다.

셰익스피어의 《사랑의 노래들(Love sonnets)》과 찰스 디킨스의 《크리스마스 캐롤(A Christmas Carol)》인데 7센티에 8.5센티 크기의 예쁘장한 책들이다. 값도 제법 비싼 편이어서 5달러 남짓 했으니 우리 돈으로 치면 두 권에 8천 원 가까이 먹힌 셈이다. 아마도 출판사에서는 성탄절을 앞두고 문학소녀들을 겨냥하고 선물용으로 사가도록 만들어낸 것 같았다. 그러기에 넓은 책방에 가득히 채워진 책시렁을 젖혀두고 계산대의 바로 옆에 알사탕 병을 놓아둔 것처럼 얹어 놓았던 것이다. 안쪽에서 두껍고 커다란 책을 들고 나와서 책값을 계산하다가 언뜻 눈에 띄는 미니북을 보고서는 안 살 수 없도록 군침을 삼키게 할 만큼 깜찍한 책이었다.

사들고 와서 조심스레 책장을 넘기며 혹시나 손때라도 묻을세라 조바심치게 하는 것이 바로 좁쌀책의 매력인 것이다.

또 며칠 뒤에 조지타운 대학의 구내서점에서 3.5센티에 5센티 크기로서 640페이지나 되는 미니북을 두 권이나 샀다. 《좁쌀 웹스터(The Little Webster)》와 《영불사전(Lillput Dictionary, English-French)》이 그것들이다.

한 책에 2천 5백 원씩이나 되었지만 루비처럼 반짝이는 책

표지의 금박글자 때문인지 거금이 아깝지 않았다. 그런데 이런 좁쌀책들은 그 내용을 모두 읽기 위한 것은 아니다. 표지를 만져 보고 책장을 넘기며 활자를 훑어 보면 그것으로 족하다. 그처럼 작고 좁은 공간에 깨알 같은 글자들이 별빛인 양 눈부시게 반짝이고 있는 것만으로도 좁쌀책은 귀한 제 구실을 다하고 있는 것이다.

결국 책을 좋아하는 이들 애서가, 수석, 장서가, 탐서가들이 마지막으로 도달하는 곳이 좁쌀책이 아닌가 싶다.

사람들은 처음에 새책을 사서 읽는다. 그러다 나이가 들면서 책 읽기에 갈증을 느끼게 되면 적은 돈으로 많은 헌책을 섭렵하는 재미를 맛보게 된다. 헌책방을 드나들다 보면 옛책을 만나게 되고, 귀중본, 희귀본, 유일본, 진장본에 눈뜨게 된다. 그런 뒤부터는 온갖 책을 사 모으는 재미가 붙고, 장서 수가 수천에서 수만 권으로 불어날수록 더욱 애서가에서 수서광으로 변신한다. 일단 수서광이 되면 국내의 책으로 만족하지 못하고 외국의 옛 책방을 기웃거리게 된다. 그러니 해외에 나가는 기회만 있게 되면 다른 일은 젖혀놓고 옛 책방부터 찾아나선다. 그리고선 이것저것 옛 책들을 사들고 나오는 기분이란 신선놀음보다도 더 상쾌한 것이다.

어떤 책은 이름이 좋아서 사고, 어떤 책은 나온 지가 2백 년도 넘어서 사고, 어떤 책은 표지가 예뻐서 사고, 어떤 책은 삽화가 좋아서 산다. 그뿐만이 아니다. 창간호라서 모으고, 시집이라 모으고, 전집을 채우느라 산다. 그러니 결국 책을 읽기 보다는 사는 재미로 사 모으는 지경에 이르게 되면 가히 수서광으로 추대될 만하다. 그래서 큰 책을 사고 또 산 끝에 좁쌀책까지 손을 대게 되면 이제 책에는 도사의 경지에 이른 것이다. 그런데 또 한 걸음 더 나아가 좁쌀책을 만들고 싶은 충동에 사로잡히게 되니 이를 어쩌면 좋을 것인가?

아름다운 가게 이야기

내가 아름다운 가게에 드나든 지도 여러 해가 되었다. 어느 날 지하철 안국역에서 1번 어귀로 나와 보니 가까이에 아름다운 가게가 있었다. 아래층엔 옷가지와 가방이며 그릇들이 있어 여자 손님들로 붐비고 있었다. 그 위층에는 온갖 책들이 책장에 꽂혀 있기에 나도 몇 권의 책을 골라 셈을 치렀다. 그런데 책값이 너무나도 싸지 않은가? 새 것과 헌 것을 가리지 않고, 매긴 값이 높고 낮음을 덮어두고 천 원이나 이삼천 원에 팔고 있지 않은가?

궁금해서 이 일의 말미암음을 알아보게 되었다. 뜻 있는 이들이 모여 지난 2002년 3월 1일에 '아름다운 재단' 에서 자선과 공익을 위한 비영리사업으로 아름다운 가게를 열기로 한 것이란다. 이미 세계에 널리 알려진 영국의 '옥스팜(Oxfam)' 은

기증받아 판 수익으로 제3세계의 빈곤구제와 사회지원을 해오고 있는데 한국의 아름다운 가게도 같은 뜻으로 시작했으리라. 내게는 필요 없는 물건을 필요한 이웃을 위해 내놓는 나눔의 마당으로 문을 연 것이다.

그래서 같은 해 10월 17일에 제 1호점으로 안국점을 열고, 2호점(삼선교점), 3호점(독립문점)으로 이어져 이제는 온 나라에 서른 곳이 넘게 퍼져나가고 있다.

나는 언제나 짬이 나면 서울시 안에 있는 여남은 곳의 아름다운 가게와 가까운 경기도 안의 여러 곳을 단골집처럼 드나든다. 그럴 때마다 반드시 여러 권의 책을 사들고는 마치 광부가 노다지를 캔 기쁨을 맛보며 좋아라 한다. 내가 치른 돈이 비록 푼돈에 지나지 않을지라도 그것이 어려운 이웃에게 쓰인다니 "착한 일을 쌓은 집에 반드시 넉넉한 기쁨이 있다."(적선지가 필유여경)는 말을 따르고 싶어서다. 그러기에 글벗들과 만날 약속이 있을 적엔 안국점이나 양재점 등 아름다운 가게에서 만나기로 한다. 내가 먼저 그곳에 이르러 시간이 가는 줄도 모르고 책 속에 빠져 있으면 그 이가 좀 늦게 온들 오히려 고맙지 않겠는가?

'아름다운 가게가 꿈꾸는 세상'을 밝혀놓은 종이쪽에는 이런 글귀가 있다.

"세상에 홀로 존재하는 것은 없습니다. 사람과 사람, 사람과 자연, 도시와 농촌, 세계의 모든 나라와 민족들, 수많은 공동체들은 서로를 필요로 하며, 서로에게 연결되어 있습니다. 생태계의 그물에서 자유로울 수 있는 것은 아무것도 없습니다.

하지만 지금 우리들의 삶의 모습은 어떻습니까? 경쟁과 지배와 허영 속에서 스스로를 소모시키고, 소중한 관계들을 파괴시켜 나가고 있습니다.

아름다운 가게는 모든 생명은 존귀하고 평등하다고 믿으며, 존재하는 모든 생명을 소중히 여깁니다. 아름다운 가게는 작은 물건 하나도 하찮게 보지 않습니다. 낡고 오래된 것이라도 다 그 나름의 쓰임새가 있습니다. 존재하는 모든 것은 그 나름의 의미가 있습니다.

존재하는 것들의 제자리를 찾아주는 일, 뚫어진 생명의 그물코를 다시 엮는 일, 조용히 낮은 자리에서 이슬비처럼 세상을 적시며 삶의 질을 변화시키는 일, 바로 아름다운 가게가 하고자 하는 일입니다."

참으로 아름다운 사람들이 아름다운 세상을 만들어가고자 하는 일에 나도 함께 끼어드는 보람을 느낄 수 있다니 얼마나 고마운 일인가?

그렇다면 우리가 그곳에 줄 수 있는 것들은 어떤 것일까? 옷가지, 신발, 모자, 가방, 책, CD, 그릇, 부엌용품, 유아용품, 장신구(액세서리), 소형 가전제품, 예술품, 레저용품 등인데 너무

낡았거나 고장난 물건은 줄 수 없는 것들이니 무엇보다도 주는 이의 정성과 사랑이 담겨져야 한다.

"주는 이에게 복이 있다."는 말씀도 있거니와 우리가 지니고 있으면서도 쓰지 않고 놓아둔 물건이 많을 것이다. 그것들을 다른 사람이 쓸 수 있게 내어주는 일을 기쁨으로 할 수 있는 사람은 축복받은 사람이다.

내가 지난날에 인도차이나 여행길에 캄보디아의 시장 바닥에서 '리라유치원', '한별피아노학원' 따위 한글이 뚜렷한 책가방들을 쌓아놓고 파는 것을 본 적이 있다. 아마도 우리나라에서 거두어 보낸 재활용품이었을 것이다. 또 베트남의 하노이 거리를 누비던 시내버스 중엔 '제주도–동양의 하와이', '신진관광' 등의 한글 광고를 그대로 둔 중고차들이 많았다. 이런 현상에서 내가 깨달은 것은 이제야말로 지구촌 공동체에서 사랑 나누기와 생명 살리기 운동을 펼쳐야 한다는 사실이었다.

오늘도 아침에 글벗에게서 만나자는 전화가 왔다. 11시 반쯤에 아름다운 가게 안국점에서 만나기로 했다. 거기서 또 몇 권의 책을 사고, 이화익 갤러리 앞에 있는 밥집에서 청국장을 먹고는 그림들을 보며 차라도 마시며 정담을 나누게 될 터이니 어찌 청복이 아니겠는가?

좁쌀책 사랑

좁쌀책은 아주 작은 책이다. 일본에서는 크기가 콩만 하다는 뜻으로 마메혼(豆本)이라고 한다. 중국에서는 슈친펀(袖珍本)이라고 해서 우리 조상들도 그대로 따라 수진본이라고 말했다. 곧 작아서 옷소매에 넣고 다닐 만하니 '옷소매책' 이란 뜻이다. 서양에서는 미니어처북(miniature book)이라고 하는데 줄여서 미니북(mini book)이라고도 한다. 또 리틀북(little book)이나 스몰북(small book) 따위로 부르기도 한다.

그런데 우리 한국고서연구회에서 1990년 5월에 좌우명(座右銘)이란 책을 가로 7cm, 세로 9.5cm의 크기로 내면서 좁쌀책이라고 부르기 시작한 것이다.

내가 좁쌀책을 사랑해서 모아온 지도 수십 년이 되었다. 그러나 우리나라에선 좁쌀책을 펴내는 곳이 많지 않다. 그래도

가뭄에 콩 나듯 나오는 책들은 눈에 띄는 대로 사들였다.

더구나 해외에 나가서는 새 책방과 헌 책방을 찾아다니며 좁쌀책 싹쓸이에 재미를 붙였다. 그 중에서도 내가 하바로프스크에서 상트 페테르부르크까지 시베리아철도여행을 가서 무려 260 가지가 넘는 좁쌀책을 모은 일은 가장 즐거운 추억거리다.

그러구러 중국과 일본, 미국이나 동서 유럽, 동남아시아, 호주, 뉴질랜드, 남아메리카 등지로의 나들이에서 손에 넣은 좁쌀책들이 부지기수의 지경에 이르렀다. 그러니 시도 때도 없이 좁쌀책 자랑이라 내 별명이 좁쌀책도사가 되었다. 하기야 내가 좁쌀책을 사랑하고 남에게 나눠주며 선전하기를 좋아하니 그런 애칭을 듣는 것도 유쾌한 일이다.

그런데 달포 전 한국고전문화진흥회에서 자주 만나는 송부종 사장이 자신이 엮어 펴낸 1986년판 《원색 한국우표수첩》(6.3cm×9.2cm)을 주시지 않는가? 처음 보는 아가씨처럼 아름다운 좁쌀책이라 주머니에 넣고 다니며 자랑했음은 물론이다. 그랬더니 또 며칠 전에는 여승구 사장이 아주 귀한 좁쌀책을 주셨다. 6.2cm 사각형의 우아한 아이보리색 상자 속에 시뻘건 융단을 깔고 한복판에 좌정한 좁쌀책은 놀라운 것이었다. 영국의 엘리자베스 여왕보다도 더 품위가 있는 이 좁쌀책의 설명서에는 이렇게 쓰여 있었다.

"마인츠의 구텐베르크 박물관(Gutenberg-Museum

Mainz). 세계에서 가장 작은 책. 7개 언어(영어 · 프랑스어 · 독일어 · 미국식 영어 · 스페인어 · 네덜란드어 · 스웨덴어)로 된 하나님의 말씀이다. 책의 크기는 3.5mm×3.5mm. 새로 만든 주조활자로 인쇄한 것이요, 사진촬영으로 축소한 것이 아니다. 인쇄와 제본은 매우 어려웠다. 표지는 순금글자로 아름답게 장식했다. 확대경을 설치한 플라스틱 유리상자에 넣었다. 귀중한 것일 뿐 아니라 당신을 감동시키고 즐겁게 하는 선물이다."

아! 놀랍지 아니한가? 아주 작은 3.5mm의 네모진 좁쌀책 속에 하나님의 말씀을 담아놓다니. 더구나 이 책은 여사장이 구텐베르크 박물관에서 직접 구해온 값비싼 것을 내게 거저 준 선물이다. 그러니 눈물이 날 정도로 사랑스런 보물이라 할 것이다.

그런데 기적은 또 일어났다. 지난 어버이날 아침밥도 먹기 전에 천사가 찾아왔다. 바로 한양여대의 김신연 박사다. 그미가 얼마 전에 유럽으로 여행을 갔다가 내 생각이 나서 사왔다며 선물을 주었다. 봉투 속에는 어이쿠! 사랑스런 좁쌀책 3권이 들어 있었다. 베른에서 사왔다는 《CHATEAUBRIAND-PAYSAGES》(브리앙성의 풍경)과 그리고 뇌샤텔에서 샀다는 《AUCASSIN ET NICOLETTE》(우카싱과 니콜레트)와 《ELOA ou LA SOAUR DES ANGES MYSTERE》(엘로아 또는 천사의 자매, 비밀)가 그것이다. 3권이 모두 프랑스 파리의 같은 출판사에서 펴낸 것인데 크기는 7cm×9.5cm이지만 좁쌀책으로선 표준형이다. 그래도 염색한 천에 아름다운 문양으로 표지를 하고 인쇄용지의 테두리를 금박으로 둘러놓아 한층 품위를 높여주고 있어 내가 사랑하기에는 안성맞춤이다.

내가 지난 7월부터 8월에 걸쳐 중국의 황하유역을 돌아다니며 가는 곳마다 서점에 들러 사온 좁쌀책들이 100권도 훨씬 넘는다. 그 중에는 같은 것도 많으니 내가 좋아하는 좁쌀책 애호가들에게 나누어 줄 것이다. "사랑을 나누면 갑절이나 기쁘다."고 하지 않던가?

아무튼 요즘 귀한 좁쌀책을 여러 사람에게서 선물로 받았다. 이는 그동안 내가 좁쌀책에 쏟은 사랑의 보답으로 하나님이 천사들을 시켜 보내주신 것이라 믿는다.

1999년 10월에 나는 마음먹고 《인도차이나 역사기행》이란 좁쌀책을 펴냈다. 크기가 8.5cm×11cm이니 좁쌀책이라고 하기엔 좀 넉넉한 '손바닥책' 이었다. 그런데 서점에서 맡아 팔기를 꺼려한다는 것이다. 첫째는 도난의 우려가 있고, 둘째는 마진(수수료)이 적어 밑질 수가 있으며, 셋째는 진열하기가 어렵다는 것이다. 그러니 어느 출판사에서 좁쌀책을 내주려 하겠는가? 그런데도 민속원의 홍 사장이 쾌락하고 출판을 맡아주었으니 고마운 마음을 가눌 길이 없다.

가까운 일본만 해도 좁쌀책 동호회가 전국에 깔려 있고, 전문출판사도 수십 개나 되며, 도쿄의 간다구(神田區)에 가면 고하치 쇼보오(八書房)라는 좁쌀책 전문서점까지 있는 형편이다.

다행히 요즘 서점이나 지하철 가판대에서 샘터사와 민족사 같은 데서 펴낸 좁쌀책(실은 손바닥책)들을 볼 수가 있다. 그러니 우리 모두 좁쌀책을 찾아 나서자. 그럼 반드시 아담하고, 귀엽고, 사랑스런 좁쌀책을 만나게 될 것이다. 그 다음에 그것을 쓰다듬고 어루만지며 쾌감을 맛보는 것은 애호가들이 알아서 할 일이다.

책 보내기

오늘 또 집에 있는 책들 중에서 두 트럭 분량을 강남대학교로 보냈다. 그곳 중앙도서관의 한실문고로 들어갈 것이다. 내가 국민대학교에서 정년을 맞으며 연구실과 집에 모아두었던 전공서적 등 1만 8천여 권을 보내며 한실문고를 설치했었다. 지금의 강남대학이 예전에 중앙신학교였을 적에 내가 한국전쟁 직후에 그곳에서 신학공부를 했으니 신앙의 모교인데 마침 도서관 건물을 새로 지은 직후였다. 그 때 여섯 대의 트럭으로 실어가면서 강사서는 "서운하시겠어요."라고 위로하기에 "무슨 말씀을. 좋은 집으로 시집보내는 기분이라 즐겁고 기뻐요."라고 화답했었다.

그런 뒤 1997년에 700쪽이나 되는 두툼한 《한실문고 목록》을 간행해서 한 트럭이 우리 집으로 배달되었다. 그래서 또 두어 차례 보내고 이번이 네 번째인 셈이다. 그동안에 나는 세계 각지를 여행할 적마다 성경과 찬송가를 수집하고, 나라 안에서는 각종 성경과 찬송가는 물론이요, 불경과 꾸란을 비롯한 온갖 종교서적을 사들였다. 그 중에는 1977년판 양피지 성경을 미국의 보스턴에서 500달러나 주고 산 대형 성경책도 있고, 내가 대학 3학년 때에 은사이신 양주동 박사에게 향가연구의 첫 강의를 듣고서 새로 산 《고가연구》에 서명을 받자 "박학이심지(博學而審之)"라고 써 주셨기에 평생 가보로 삼고자 했던 것들도 있었으나 이번에 다 보냈다. 그런데도 아직도 50권이 넘는 《세계를 간다》와 수백 권의 여행기며 국내외 문고본과 세계의 좁쌀책들은 남겨놓았으니 '무소유'의 경지에 이르지는 못한 것 같다.

사실 나는 젊어서부터 책 모으기를 좋아했다. 시집과 창간호, 각 대학의 논문집과 사회명사들의 전기, 종교서적과 서화를 중심으로 한 도록과 예술이론서, 각종 전집과 도서목록 등 어쩌면 잡학을 즐겼던 것 같다. 날마다 단골로 다니는 서점에서 몇 권씩 사들고 집으로 오면 아내는 "또 무얼 샀어요? 책꽂이에 넘치는 것들을 보내주고 사오세요."라고 말할 뿐 탓하는 법이 없었으니 감사할 일이었다.

그런데 새 해가 되며 외아들이 중국의 칭따오(靑島)에 있는 대우상사의 지사장으로 나가게 되었다. 한 아파트의 같은 동 위아래에서 살던 집을 비우게 되니 우리 집까지도 팔고, 맏딸

이 사는 동네로 옮기기로 했다. 그러니 서재와 거실과 침실의 책장에 차고 넘치는 애장서들을 덜어내야 하게 되었다. 문제는 요 며칠 동안 단골서점에 가지 않으려니 마음이 편안치 않은 일이다. 혹시 내가 모르는 사이에 좋은 책을 다른 이들이 사가지나 않을지 궁금하고 불안한 것이다. 이쯤 되면 책에 미친 사람(애서광)이 분명하니 치유하는 법을 익혀야 할 것 같다. 그래서 엘레인 제임스가 지은 《나의 삶을 깃털보다 가볍게》만은 보내지 않고 다시 읽으며 마음을 다독인다. "여유 있게 살면서 진정으로 가치 있는 일들을 즐기는 100 가지 방법"이란 부제처럼 생활의 간편화를 위해 생각을 바꿔야 하겠기 때문이다.

그러자면 나머지도 때를 따라 보내고 또 보내야 할 것 같다. "받는 이보다 주는 이가 더 복되다."고 한 말씀도 있지 않던가?

3부

한글전용과 문화발전
외국어와 외래어의 남용
우리 말글살이 몇 가지
겨레 얼과 말글 살리기
한국 방송의 제 구실
동상 제자리 찾기
나라사랑의 길

한글전용과 문화발전

세종대왕께서 훈민정음을 창제하여, 반포하신 지 五三二돌을 맞이했다. 그동안 온갖 어려움과 시달림을 겪으면서도 그것을 연구하고 보존하여 한글문화를 발전시켜온 것은 이 겨레의 슬기로운 노력에서 말미암은 것이었다. 오래 전 일은 그만두고 가까운 사실을 생각해 보자.

일본 제국주의 쇠사슬에 묶이어 이 겨레가 말살될 뻔했을 때, 우리말과 글도 쓰지 못하고 저들의 것을 국어라고 하던 쓰라린 역사가 있었다. 그때에도 한글학자들은 목숨을 걸고 우리글과 말을 지키려한 나머지 감옥에서 고초를 당하고 쓰러져간 분까지 있었다.

천우신조로 조국을 되찾게 되자 비로소 한글도 제 빛을 드러내니 모든 국민들은 새삼스레 우리말과 글의 고마움을 체험하게 되었다. 그리하여 1948년 10월 1일에는 대한민국 초대국회에서 한글전용에 관한 법률이 통과되었으니 이것은 새 나라의 새 생활을 가장 올바르게 하려는 뜻에서 나온 것이다. 그러나 그 법조문 속에 얼마 동안 한자를 병용할 수 있다는 규정이 덧붙어 있었기 때문에 20년 가까이 지내오면서도 한글 전용은 제자리걸음을 면치 못하고 국민들의 의견도 서로 갈라져서 갈피를 잡을 수가 없었다.

그러자 1967년 11월에 박대통령께서는 한글을 전용할 방안을 연구하도록 정부의 관계부처에 지시하여 마침내 1968년 5월에 세부계획안이 정책적으로 마련되어 발표하기에 이르렀다. 그 계획안의 골자는 첫째 일반공문서는 특수한 것에 한하여 한자를 병용하고 69년부터는 완전히 한글만을 쓰며, 둘째 법령문은 72년까지 해독이 어려운 것만 괄호 안에 한자를 쓰고 모두 한글을 전용하며, 셋째 정부 간행물과 일반 간행물은 73년부터 한글만 쓰고, 넷째 초·중·고등학교의 교과서는 단계적으로 한자를 줄여 72년엔 고등학교 교재 전반에서 한자를 완전히 없애고 한글만 쓴다는 것들이다. 이러한 정부로서의 방침은 곧 강력히 실천되어 오늘날엔 상당한 진전을 보고 있으나 아직도 한글전용을 반대하는 이유의 몇가지를 들어보면,

첫째로 우리말에는 한자말이 60%도 더 된다.

둘째는 학술어, 과학용어, 문학어 등 고급 생활에서 사용해 온 한자어의 역사성을 부인할 수 없다.

셋째로 고전을 읽을 힘이 떨어지고 전통을 잃을 위험이 있다.

넷째로 국어문학이나 국사학 등의 국학연구에 어려움이 생긴다는 것들이다.

물론 한자어로서 그대로 직접 한글 표기를 했을 때 이해하기 힘든 말은 쉽게 풀이하여 써야 할 것도 있겠으나 거의 대부분은 한자어를 그 읽는 소리대로 한글표기를 해도 지장이 없는 것이다. 무릇 글자란 한낱 부호요 기호에 지나지 않으며 그 글자들에 담긴 말에 뜻이 있는 것이므로 이를테면 음식물을 담는 그릇이 바로 글자인 것이다. 따라서 그릇은 보기 좋고 질기고 쓰기 편한 데에 값어치가 있다면 글자도 누구나 배우기 쉽고 쓰기에 편하면 된다.

더구나 과학적이요, 합리적인 장점을 지닌 한글로서 정인지의 말과 같이 바람부는 소리, 귀신이 우는 소리, 새들이 지저귀는 소리까지도 적을 수 있음에랴? 또 고급생활어로 써온 한자어의 역사성이란 것도 생각에 따라서는 달리 해석되어야 한다. 지난날의 역사적인 언어가 현재까지 살아 있다면 말소리만 듣고서도 사람들이 이해할 수 있을 것이요, 그 말이 이미 죽은 말이라면 그런 대로 학자들의 연구 거리는 될지언정 대중생활과는 거리가 먼 것이다.

골동품은 귀중한 보화지만 일상 생활용품으로 누구나 사용할 필요가 없는 것과도 같은 이치다. 서양에서 문물이 들어오면서 묻어 들어온 외래어들은 꼭 밑말의 스펠링을 좇아 로마자로 써야만 할 것인가? 우리는 그냥 소리나는 대로 한글로 적어 우리말 속에 받아들이고 있지 않은가? 한자어로 된 과학용어나 학술어들도 같은 이치로 삼을 것이요, 고등한 학술 논문에 있어서는 외국어 논문도 있는 것이니 순 한문으로 만들어 진 것도 무슨 탈이 있겠는가? 여기서 다시 한 번 알아 두어야 할 것은 한글 전용은 국민 전반에 걸친 대중생활에 있어서의 문제라는 점이다.

또 셋째 이유도 매우 모호한 생각이다. 우리 조상들이 한 문장으로 써놓은 고전을 전국민이 그대로 읽자는 말은 아닐 것이다. 또 한자 제한론을 펴는 이들처럼 2,000자 정도의 한자를 배웠다 해서 읽어낼 성질의 것도 아니다. 고전을 원전 그대로 읽을 수 있는 한문실력을 기르려면 평생을 한문 공부에만 바쳐도 모자랄 것이다. 우리가 섹스피어를 말하고 공자를 이해하는 것은 영어나 한문으로 하는 것은 아니다. 번역된 외국 작품을 읽고서 하는 것이다. 독일 문학자를 기리기 위하여 대학에서 독일어문학과를 설치하고 가르치는 것처럼 한문학과를 세워서 인재를 길러내는 일이 필요한 것이다. 더구나 과거의 전통을 계승하는 일은 옛 모습을 그대로 이어받는 것보다는 새로운 양상으로 재 창조하는 데에 그 뜻이 있는 것이다.

그리고 네 번째로 든 국학연구의 어려움이란 것도 한글 전용을 반대할 이유로서는 옳지 못하다.

국민대중이 모두 국학자가 될 수는 없는 것이니 일부의 학자들을 위하여 한글전용을 할 수 없다는 말밖에 안 된다. 일반사회의 공용문자로서 한글만 쓰자는 것은 이중적인 문자생활의 고역에서 벗어나서 한 가지로 하자는 것이지 특수한 전공분야에서도 한글만 쓰자는 것이 아닌 것이다.

어찌 한문뿐이겠는가? 영문이나 독문, 불문, 러시아문까지도 그것을 연구할 필요가 있는 이들은 계속하여 그 방면에 전력을 쏟아야 할 것이다. 다만 한국인으로서 한국 안에서 문자생활을 하는 때에 한글만을 써야 한다는 것이 어찌 이론상으로 모순이 되겠는가?

이러한 간단한 진리를 가지고 망설이거나 이해하지 못하는 것은 과거와 현재에 얽매여서 앞을 내다보지 못한 데에 그 잘못이 있는 것이다. 유럽사람들에게도 과거엔 라틴문화의 굴레 속에서 살아왔기 때문에 라틴어를 비롯한 끄릭어, 히브리어 등 잡다한 언어와 문자를 물려 받았지만 글자로써 표기할 적에는 섞어서 쓰지 않고 제 나라의 글자로 통일하여 쓰고 있는 것은 우리에게 좋은 본보기가 되고 있는 것이다. 동양에서는 일본과 우리나라만이 한자와 국문자의 두 가지를 혼동하는 불합리한 생활을 하고 있는 셈이다.

그리하여 일본은 명치유신 이래로 한자 폐지론이 일어나서 국자개량을 하려고 애를 써 왔으나 그 실현을 못본 것은 일본문자인 '가나문자'(50음도)의 불완전성 때문이었다. 그리하여 심지어는 로마자로 대치하자는 주장까지도 있어 그들의 고민은 하루아침에 풀릴 것 같지 않았다. 지나간 1936년에 일본의 소설가 기꾸찌간(菊池寬)은 "국가백년의 계책으로서 한자는 폐지되어야 한다. 한자 때문에 교육의 시간이 무용하게 사용되는 것은 무서운 일이라고 생각한다. 한자에 대한 취미나 자기 일대의 이해로써 반대할 것이 아니다."라고 말하여 한자 폐지를 외쳤던 것이다. 이러한 사정은 한문자의 본고장인 중국에서도 마찬가지여서 루씽(魯迅)같은 이는 "한자가 망하느냐? 중국민족이 망하느냐?"고까지 하여 한자를 쓰지 말자고 부르짖었다.

우리나라에서는 한글 전용이 일찍부터 성공적으로 진행되어왔다. 조선시대에 성행되었던 고대소설은 순 한글로만 적혀왔었고, 신소설을 거쳐 현대소설에 이르기까지 문학자들의 손으로 한글은 그 빛을 찬란히 드러내었다. 심지어는 기독교의 전례와 함께 한글성경과 찬송가의 보급은 한글만으로 온갖 신비하고 뜻깊은 정신생활도 능히 해낼 수 있음을 증명해 주었다. 이처럼 우리나라에서 한글전용을 손쉽게 할 수 있는 것은 무엇보다도 한글 자체가 세계에 유례없는 우수한 문자이기 때문이다.

그러므로 우리에게 이제 남은 과제는 한자폐지를 조속히 실천하고 한글만으로 단일화하는 일만이 남아 있다. 터키에 있어서의 케말 파샤에 의한 문자 개혁이 성공한 예는 우리에게 좋은 시사를 주는 바가 있다. 그들은 1928년에 언어위원회에서

로마글자 29자(모음8, 자음 21)를 제정 채택하여 학교, 군대, 성인 야간학교, 관공서, 교도소 등에서 일제히 가르쳤다. 정부에서는 강력한 시행세칙을 마련하여 일사불란하게 추진시켜 나갔으니 "로마자를 배우지 않으면 이 직장을 떠나야 한다."고 공무원들에게 말하였고 "당신들은 로마자를 배워야 한다. 그렇지 않으면 여기를 떠날 수 없다."고 교도소의 죄수들에게 말하였다.

그들이 지난날에 조상들로부터 물려받은 아라비아 문자는 자음자만 있고 모음글자가 없어 분철을 할 수 없는 한 뭉뚱그려진 글자였기 때문에 마치 한문자처럼 한글자가 여러 가지로 읽혔다. 그러한 모순된 문자생활에서 벗어나려고 아라비아자를 폐지한 것은 민족적 자가에서 이룩된 성과요, 결코 국수주의적인 사고방식에서 이루어진 것이 아니다. 그들은 전혀 새로운 외국어 문자로써 제나라 글자에 대치시켰던 것이니 그만큼 더 용기가 필요했고 앞날의 민족 번영을 위해 결단을 주저하지 않았던 것이다. 그러나 우리는 그들과도 다르다.

순 우리말에 순 한글을 일찍이 조상 때부터 물려받았으니 제 것을 제가 찾자는 운동이 바로 한글 전용 운동인 것이다.

덴마크의 언어학자 에스페르센은 "외국말을 자주 많이 써 버릇하면 똑같은 뜻을 가진 순수한 자기말에 대한 어람을 서툴게 하여 결국은 자기 말을 죽이고 외국말을 끌어들이게 된다." 고 말했는데 이는 한문자로써 한자어의 생활을 즐기는 사람들에게 경종을 울리는 말로도 될 수 있다.

한글만 쓰게 되면 저절로 우리말이 더 넉넉해지고 깨끗해 질 것이다. 종래의 우리 문화가 한문 중심의 어중간한 문화였다면 앞으로 민족 고유 한글 중심의 새 문화가 될 것이다.

그릇이 크고 질기며 아름다우면 그 속에 담을 수 있는 내용도 많고 좋은 것으로 채우게 될 것이다.

한글을 써 버릇하면 한국말의 발전도 더욱 촉진되며 한국적인 사고방식도 늘어날 것이니 올바른 한국의 철학이 자리잡힐 것이다. 한글전용으로 과학기구의 활용에서 얻어지는 시간적, 물질적 이득의 막대함은 더 말할 나위가 없으며 모든 겨레가 손쉽게 문자생활을 함으로써 정치, 경제, 문화 등 각 방면에서 민주시민으로서 떳떳이 제 구실을 하는 보람을 느끼게 될 것이다. 한문자로 특수계급의 만족감을 채우던 때는 지나가고 국민 모두가 평등한 생각에서 서로 이해하며 살아가야 하는 시대가 이르렀다. 이 때에 우리는 한글전용을 서둘러 새 국민문화를 세워 나가도록 힘써야 할 것이다.

외국어와 외래어의 남용

아시아 경기대회를 맞아 서울로 밀려오는 수많은 외국인들 때문에 외국어와 외래어가 남용될 것을 걱정하는 이들이 있다. 물론 고요한 아침의 나라에서 우리 배달겨레끼리만 살아간다면 이런 걱정을 할 필요는 없을 것이다. 그런데 이 외국어와 외래어에 대한 문제는 비단 요새와서 문젯거리가 되고 있는 것은 아니다. 이미 광복 직후부터 생각해 온 어려운 문제의 하나가 아니었던가?

외국사람과 만나서 대화할 때에 직접 외국어로써 제 의사를 소통시킬 수 있다면 그만큼 편리할 것임에 틀림없다.

그러나 때와 곳을 가리지 않고 마구 외국어를 자랑삼아 쓴다면 한국인으로서 바람직스런 태도가 못됨도 사실이다.

흔히 외국에서 공부했거나 고등교육을 받은 이들 중에 한국말과 함께 외국어 특히 영어를 섞어 씀으로써 지식을 뽐내려는 경우를 볼 때 먼저 그 사람의 주체성을 의심하게 된다.

그런데 문제의 심각성은 무분별한 외래어의 남용에 더 있지 않을까 여겨진다. 오랜 역사를 내려오면서 이른바 한자어를 가지고 생활해 온 우리들이었기에 한국말의 낱말 중에 한자말이 80퍼센트도 넘는 실정이며 순 우리말은 겨우 20퍼센트 남짓에 불과하다. 그래서 어떤 이들은 그러한 한자말을 순 우리말로 바꿔 말해야 한다고 주장하기까지에 이르렀으나 그것은 도저히 불가능한 것이다.

흔히 한글전용과 한자폐지를 말할 때 한자어를 쓰지 말자는 것으로 오해하는 수도 있으나 그런 것이 아니다.

이를테면 '한자' 의 중국말은 '한쯔' 요, 일본말은 '간지' 이지만 한국말은 '한자' 로 바뀌어 읽혀졌으니 곧 외래어라고 단순히 처리할 것이 아니다.

그러므로 우리가 외래어 문제를 다룰 때에는 일본어, 영어, 독어, 불어 등이 이 땅에 들어와서 처음에는 생경한 외국어로 쓰이다가 차츰 언중 속에 파고들어 외래어로 탈바꿈하는 경우를 중요시하지 않을 수 없는 것이다.

내가 밤 9시에 텔레비전을 보면서 그 화면에 나오는 외국어 또는 외래어를 들었더니 대충 이런 것들이었다.

엠비씨 뉴스테스크(MBC소식), 제놀(신경통약), 아시안게임(아시아경기대회), 겔럭시(오리엔트 시계), 아크라톤, 아모레,

스테레오, 행남 울트라화인(자기), 세이코(시계), 썬 퍼니처(가구), 자키(내의), 마이아모포, 그린스위트, 제일파프, 드봉바이오(비누) 등이 불과 10분도 안 되는 사이에 쏟아져나온 다른 말(외래어와 외국어)들이다.

심지어 정체 불명의 '짜짜로니' '도투락만두' 등은 새로 만들어 놓은 상품명이었다. 그래서 다시금 '라이프수퍼마켓 한가위 특선장' 이란 선전책자를 펼쳐 보았더니 여긴 한 술 더 뜬 다른말(외래어와 외국어) 잡화상이 아닌가? 모두가 먹고 입는 것들인데 온통 외국어와 외래어 사태로 현기증이 날 판이었다. 【주류】 썸씽 · 스페샬, 그랑플, 노블와인(화이트 · 레드), 비아이피(VIP), 패스포드, 마주앙, 라이트, 브렉스톤, 샤또, 몽블르, 하이네켄, 칼스버그맥주, 고올드, 노블로제, 나폴레온, 스파쿨러, 【조미료】제일화인 스위트, 커피슈가 【차류】립톤, 커피믹스, 다크커피, 커피크림, 프린세스커피, 맥스웰화인, 맥스웰그래뉼, 맥스웰상카 【음료수류】쌕쌕 오렌지, 봉봉, 엘더베리, 하이씨, 하이씨 송송, 러브펀치, 살구넥타, 암바사, 파라다이스 딸기, 하와이안 펀치, 헬스 펀치, 훼미리쥬스, 사과드링크, 맥콜, 체리코코, 화인스위트 【세제류】피도 하이톤, 메디안, 리도 푸로틴 샴푸 헤어린스, 모이스춰 에센스 비누, 클로스업, 드봉치약, 울워쉬, 페리오치약, 다이알, 브렌드, 로얄매스, 썬실크 【롯데과자】뉴 쥬시후레쉬, 뉴 스피아민트, 뉴 후레시민트, 하비스트비스켓, 스카치캔디, 아몬드 쵸코렛, 코코아파이, 조안나 골드, 비엔나, 월드콘 등이었다. 특히 광고 문안에서 '최신 시설 및 서비스로 레저산업을 리드하는 라이프 볼링센터'를 보고, 아메리카나, 롯데리아 식품점까지 등장했음을 알고서는 아연 실색할 수밖에 없었다.

과연 서울은 외국어와 외래어 그것도 서구식 신조어까지 범람하는 홍수사태에 허우적거리고 있는 셈이다.

그럼 이런 병폐가 왜 생겼는지? 그리고 골수에 사무친 외국병의 병균을 없애고, 우리말의 건강회복을 위한 약방문은 무엇인지를 알아보아야 할 것 같다.

우선 우리말에 섞여 들어와 우리의 얼을 좀먹는 병균으로서의 외국어와 외래어를 가려내어 쓰지 않도록 애써야 하는데 언어의 사회성과 자연성을 내세워 방임하는 이들이 있음은 한심스런 일이다. 서구적인 것은 무조건 좋은 것이며, 제 것은 별것이 아니라는 열등의식이야말로 고질적인 병균이 아니겠는가?

훔불트는 "말이란 이루어내는 힘을 가지고 있다."고 말했는데 사실 건강한 모국어로써 아름다운 조국을 건설할 수 있었던 사실을 우리는 세계 역사를 통해서 살펴보고자 한다.

1923년에 그리스군대를 몰아내고 독립전쟁에 승리한 터어키는 공화국을 선언하고 케말이 초대대통령이 되었다.

그때까지 터어키는 10세기경부터 들어온 아라비아말과 페르시아말을 중심으로 한 글말이 오스만 왕조의 터어키말로서 세력을 가지고 있었다. 그것은 일반 언중과는 동떨어진 언어계

층을 이루게 되어 아라비아말과 페르시아말을 공부해야만 했고, 사용문자로는 아라비아 글자를 쓰게 되니 아랍어가 50%이상, 이란어가 40%에 가까울 만큼 외래어의 홍수에 고유한 터키말은 질식상태에 있었던 것이다. 그것을 케말은 1928년에 종래에 써오던 아라비아글자를 폐지하고 로마자로 쓸 것을 결정한 다음 신문지면에서 아라비아글자를 몰아냈다. 그 뒤로 터키말을 순화하고, 외래어를 몰아내는 작업을 꾸준히 진행시켜 성공하게 되었다. 그와는 반대로 청나라는 1644년에 80만명이나 되는 여진족(곧 만주족)을 이끌고 북경으로 들어가서 중국을 지배했으나 한문화의 찬란함에 그만 얼이 빠져 100여년을 채 지내기도 전에 모국어인 만주말을 버리고 중국어를 쓰는 사람이 많아졌다.

그 결과 한족에게 동화되어 만주족은 사라지고 말았으니 언어의 힘이란 과연 위대한 것이라 할 것이다.

또 같은 동양권에서 중국어의 영향을 많이 받았던 태국의 경우를 보자. 그들은 일찍이 한자를 사용했었지만 13세기경에 새로운 글자로서 스코타이글자를 창제했으니 현재의 루앙 프라방글자의 기초가 된 것이었다.

그들의 말로는 중국어와 산스크리트어 또는 바리어 등에서 빌어 쓴 말이 많았으나 1940년부터는 정부와 국민이 한 덩어리가 되어 순수한 타이말을 쓰기로 개혁운동을 일으켜 외래어를 몰아내고 타이의 고유한 문화를 건설하려고 애쓰고 있는 실정이다. 그것은 오늘날 방콕 거리에서 모든 간판이 타이말글로 적혀 있는 데서도 강한 인상을 받게 된다.

그런데 우리의 현실은 어떠한가? 신문, 잡지, 방송과 같은 대중매체에서 함부로 쓰고 있는 외국어와 외래어 때문에 우리말의 순수성이 더럽혀지고, 국민으로서의 자랑스러움조차 잃어져 가고 있는 현상은 바로 우리 사회의 병폐와도 밀접한 상관이 있다 할 것이다.

일찍이 언어학자 에쓰페르센은 말하기를 "한 번 외국어를 빌어쓰는 버릇이 붙으면 자기 말의 여러 가지 재료를 써서 그 개념을 완전히 표현할 수 있는 것까지도 외래어나 외국어로 쓰게 되는 것이므로 국권과 민족성과 국어를 지키기 위해 주의해야 한다."고 했다.

그릇된 사대주의에서 생겨난 자기 비하의 열등의식이 바로 외국문화의 숭상으로 나타나며, 외국어의 남용으로 기울어지게 되는 것이다.

외국어와 외래어를 함부로 쓰는 동기를 분석한 결과를 다음과 같이 말한 이가 있다.

1. 민족의 정신 자세, 주체성의 부족과 그 확립이 되지 않음
2. 국어에 대한 인식 · 실력의 부족과 지식 · 교양의 옅음
3. 허영과 허식에 사로잡힘
4. 자신을 돋보이게 하려는 하나의 허세요, 전시 효과를 노리는 일

5. 사대주의적 사대사상의 잠재 표시, 열등의식의 표출

6. 조국과 민족과 문화와 국어에 대한 의식적인 불만표시 등 이라 하였다.

과연 제 나라를 사랑하며 제 겨레의 오랜 역사를 자랑하는 사람이라면 무엇보다 먼저 제 나라 말에 대한 긍지를 가지고 외국어와 외래어의 침식을 막도록 힘써야 할 것이다.

오늘날 국어 속에는 약 30개국의 말이 뒤섞여 있다고 한다. 이러한 외래어에 대한 국가적 정책으로는 1593년(선조 26)에 나라에서 왜말(일본어)을 엄금했던 것이 처음이라고 여겨진다.

그 뒤 1910년대에 주시경은 한자어를 몰아내고 순 우리말을 새로 만들어 쓰려고 했는데 그것이 지금까지 한글학회의 국어 순화운동으로 이어졌다. 또 1948년에는 문교부에서 《우리말 도로찾기》를 펴냄으로써 일본말의 찌꺼기를 없애고자 했고, 1976년에는 정부가 주도하여 범국민적으로 국어순화운동을 전개하기에 이르렀다.

외국어와 외래어 안쓰기로 국어순화운동의 한 부분을 차지하는 것이니, 은어 · 비어 · 속어 · 욕설 · 방언 등과 함께 다루어져야 할 문제이다.

그럼 외국어와 외래어를 안쓰고, 우리말의 순수성을 지키려면 어떤 방법이 있을 것인지를 생각해 보자.

1. 일상생활에서 쓰이고 있는 외국어와 외래어를 가려내어 그 뜻에 맞는 우리의 토박이말을 찾아내어 바꿔 쓴다.

2. 상품이나 상호에 쓰인 외래어를 우리말로 고쳐 쓰되, 국제성을 띤 외래어는 그대로 둔다.(라디오 · 텔리비전 · 커피 등)
3. 각급 학교와 직장마다 국어순화운동의 모임을 만들어 끊임없이 조사연구하여 개선해 간다.
4. 신문 · 방송 등의 매채에서 솔선수범하여 대중계몽에 나선다.
5. 국어사랑이 곧 나라사랑임을 깨닫고 겨레문화를 영원히 꽃피우려는 사명감을 가지도록 한다.

결국 말이란 사회생활과 밀접한 관계가 있는 것이므로 혼자서는 어찌할 수 없을 것이다. 사람과 사람이 만나서 말을 주고받으며, 나라와 나라 사이에 의사를 소통시키고자 말을 하게 된다.

한국사람이 한국말을 쓰는 것은 마땅한 일이며, 외국사람 앞에서도 한국말을 한다고 해서 부끄러울 것이 없는 일이다. 나라와 나라 사이에는 통역을 맡은 이를 사이에 두고 말하면 되는 것이고, 내 나라에 찾아온 외국인이 우리말을 모른다면 그것은 그의 부끄러움이 될지언정 우리의 잘못은 아닌 것이다.

어떤 이들은 아시아의 공통적인 글자로 한자를 쓰면 중국인이나 일본인들이 우리나라에 와서 불편이 없을 것인데 한글 간판만 즐비하니 장사가 잘 되지 않을 것이라고 걱정을 한다. 그러나 우리나라에 찾아오는 외국인을 생각해서 제 것을(한글간판) 바꾸어 남의 것(한자, 영자)을 매달아 놓자는 생각은 제 생명을 팔아 남의 종살이를 하겠다는 생각이라 할 것이다.

한국사람이 한국말을 쓰며 한국글자로만 살아간다는 것은 세계 속의 한국인임을 스스로 뚜렷이 드러내 세우는 일이므로 가장 떳떳한 몸가짐이 아니겠는가? 문제는 우리의 정신상태가 지금 어디에 이르렀는가 하는 것이다. 지구촌을 말하고 국제화 시대를 일컫는 현대에서 가장 한국적인 모습으로 살아가는 사람들에 의해서만이 한국은 유지 · 발전되어 갈 것이다. 외국어와 외래어를 남용하며 외국상품과 외국문화에만 기울어져 가는 얼간이들에게서는 겨레 문화의 영원한 번영을 기대할 수 없지 않겠는가?

우리 말글살이 몇 가지

1. 한글명함

처음 만난 사람과 인사를 나누며 주고 받는 것이 명함이다. 이것은 자기 소개의 도구이며 사회생활의 매개물이다. 그 속에는 명함을 잘 간직했다가 오래도록 기억해 달라는 뜻도 담겨 있다. 그래서 사람들은 사회활동을 하게 되면 우선 명함부터 돌린다. 특히 외국에 나갈 경우에는 꼭 가지고 가는 것이 명함이다. 그런데 그때에 어떤 명함을 찍어 가느냐가 문제가 된다.

아마 우리나라가 광복이 된 지 얼마 안 되었을 적의 일이다. 강 아무개 교수가 대만으로 연구하러 가면서 한자로 명함을 찍어갔다. 그랬더니 그 명함을 받는 사람마다 '아. 당신네도 우리

글자를 빌어쓰고 있군요. 한국의 글자는 없습니까?' 라고 해서 창피를 당했다.

그런 일을 겪고부터서는 한글 명함으로 바꿨다는 것이다. 나도 그 무렵엔 아무런 생각없이 한자 명함을 들고 유럽여행을 했다. 물론 뒤쪽에는 영문자로 적어 넣은 것이다. 그것을 받은 서양사람들과의 대화는 어처구니가 없었다.

"중국에서 왔습니까?"

"아니오."

"그럼 어디서 오셨어요?"

"한국에서 왔어요. 사우스 코리아 말입니다."

그런 다음에는 '전쟁으로 얼마나 폐허가 되었느냐? 한국 글자는 없느냐 말도 중국말과 같으냐?' 하고 동정의 눈길로 내게 되물었다. 그럴 때면 나는 궁색한 답변으로 진땀을 뺐다.

그때부터 내 명함도 앞쪽에는 한글이요, 뒤쪽에는 영문자로 바꿨다.

한글명함을 받은 외국사람은 한글을 처음 보는 글자라며 호기심을 나타낸다. 그럼 나는 세종대왕과 훈민정음을 지은 때와 초성, 중성, 종성으로 이루어지는 한글의 제자원리와 세계에서 가장 뛰어난 과학적인 글이라고 칭찬한 외국 학자들의 이름을 신나게 열거한다. 그럴 때마다 그들은 놀람과 존경의 눈길로 나를 대한다.

한국사람이 한글 명함을 쓰는 것은 당연한 일인데 아직까지도 한자로된 명함을 가지고 다니는 이들이 더러 있음은 아타까운 일이다.

내가 중국에 갔을 적에 한글 명함을 주었더니 그들이 알아보지 못하고 쩔쩔매는 것을 보았다. 한자로는 어떻게 쓰는가고 물어오면 그때서야 한글과 한자를 견주어가며 설명해준다. 그렇게 되면 영낙없이 나는 그들의 스승이 되고, 그들은 꼼짝없이 내 제자가 되어 한글의 독자성에 탄복하면서 한민족의 영특함에 고개를 숙이게 된다.

이런 일을 통해서 지난날 여러 천 년 동안 중국의 속국처럼 지내온 글자살이와 수십 년 간 일제 치하에서 우리 말글을 빼앗겼던 억울한 체증을 말끔히 씻어내리게 되는 것이다.

요즘이 국제화시대라고 해서 영문자 명함만을 가지고 다닐 것이 아니다. 그것은 한국을 떳떳이 드러내지 못한 채 이른바 세계화의 물결 속에 빠져 죽는 꼴이 된다. 국제사회에서 당당한 한국사람으로 행세하려면 먼저 한글을 앞세우고 영문자로 설명해 놓은 한글 명함을 뿌리고 다녀야 할 것이다.

한국사람이 고유한 독창적인 글자를 가지고 다니는 것이 자랑이 될 수 없고, 영미사람들이 영자명함을 지녔다 해서 뽐내지 않는데, 구태여 한국사람만이 한글 명함을 강조하는 것은 비극이기도 하다. 그러나 우리의 현실이 옛날 굴레를 벗지 못하고 있으니 몰아쉬는 한숨이다.

2. 방명록

미술전이나 어떤 모임에 가면 접수대에 놓은 방명록에 서명부터 하게 된다. 그때마다 눈에 거슬리는 것이 한자로 쓴 이름들이다.

거의 모두가 한결같이 서투른 한자로 쓴 이름들이다.

나는 일부러 큼직하게 한글로 이름을 쓴다. 그리고선 한 마디 "중국사람들이 많이 왔군요."라고 덧붙인다.

한글로만 쓰는 것도 좋으나 조상 때부터 이어온 성씨와 이름만은 한자로 써야 한다고 흔히들 생각하고 있다. 그러나 제 나라의 글자를 놔두고 다른 나라의 글자인 한자를 굳이 써야 할 까닭이 없지 않은가 말이다.

이르기를 '뭇닭 속의 한 마리 두루미(군계일학)' 라고 했것다. 한자 이름 투성이 속에 커다랗게 써놓은 한글 이름이 얼마나 산뜻한지. 모름지기 제것을 소중히 여기는 마음을 품고 살아가는 겨레만 이 세계 속에 스스로 존귀하게 살아 남을 것이다.

돌이켜보면 참으로 부끄러운 역사였다. 세종대왕께서 훈민정음을 널리 펴신 1446년(세종 28) 이전이야 어쩔 수 없이 한자를 빌어서 쓸 수밖에 없었다고 치자. 그러나 엄연히 제 나라 글자를 지니게 된 뒤에도 집권층을 비롯한 모화사대주의자들의 권위의식 때문에 한자살이를 고집해온 일은 참으로 부끄러운 일이었다. 그러한 결과는 순 우리말을 바꾸어 한자말로만 쓰게 되었다.

이를테면 '가람, 뫼, 즈믄' 등을 버리고 '강, 산, 천' 따위를 쓴 것이다. 그래서 오늘날에 이르러 한자말이 모든 우리말의 80퍼센트에 가깝게 되었다. 그러니 이제부터는 옛말광(고어사전)에서 다시 순 우리말을 찾아내어 되살려 쓰는 일에 힘써야 하게 되었다. 이른바 '부요하다' 보다는 '가멸차다'를 '배회하다' 보다는 '바장이다'를 살려 써야 한다.

또 일제가 이 땅을 삼켜 40여 년을 짓밟을 때에는 매국노들과 친일파들이 일본 총독의 앞잡이가 되어 일본말글만 쓰고, 우리말글을 없애버리려고 날뛰었다. 그래서 억지로 '국어상용(일본말을 늘 쓰기)'이니 '국어애용(일본말 사랑하기)'을 바라는 이들이 있었다.

그러더니 1945년 이 나라가 광복이 되자 가장 먼저 우리말글을 되찾아 가르치고 배우기에 힘썼다. 온겨레가 힘을 합해 대한민국을 세우고, 처음으로 헌법을 만들 때 '모든 글을 한글로만 쓴다. 다만 어쩔 수 없는 때에만 한자를 함께 쓸 수 있다.'고 정해놓았다. 그때 '다만' 조항을 넣어놓은 결과 지금까지 국한혼용론을 말하는 이들이 남게 되었다. 오로지 한글만으로 글자살이를 하기로 했어야 옳았다. 아직도 길가에 한자간판이 남아있고, 영문자로 된 간판이 늘어나고, 비록 한글로 썼으나 외국어도 외래어도 아닌 아리송한 간판들이 홍수를 이루고 있다. 그뿐만 아니다. 국회의원들의 이름표를 어느 국회의원이 한글로 바꿀 것을 바라고 제 돈으로 만들어 주었으나 창고에 썩혀 두고, 여전히 한자이름표를 놓고 국정을 의론하고 있다. 이 어찌 한심하지 아니한가?

겨레 얼과 말글 살리기

요즈음 우리나라는 이른바 세계화의 물결 속에 넋을 잃고 제 갈 바를 모르고 있다.

물질적인 풍요를 추구한 나머지 저마다 이기주의에 빠져들어 이익집단의 시위행동으로 사회의 불안을 가져오고 있다. 사치와 낭비로 파산에 이르러 자살하는 풍조가 만연하고 있다. 절약과 검소함을 부끄럽게 여기고 소비를 미덕이라고 부추김으로써 겸손과 사양의 마음을 버리고 오만과 방자함이 팽배해졌다.

그러나 더욱 놀랍고 걱정되는 일은 정신적인 병폐가 골수에 사무쳐 사경을 헤매고 있는 현실이다. 제 것을 얕보고 남의 것을 높이는 이른바 새로운 사대주의가 이 나라에 차고 넘쳐 있다. 정치판의 혼란을 보며 정치가들을 탓하고, 교육현장의 그릇됨을 보며 스승들을 탓하고, 노동계의 파업을 보며 그들을 탓하기 전에 온 국민들의 광적인 정신질환을 치유해야 할 일이 시급한 때라 할 것이다.

얼빠진 사람들의 뼈에 사무친 질병을 고치려면 무엇보다도 제 얼을 찾아주어야 한다.

흔히 "건전한 정신에서 올바른 행동이 나온다."는 말이 있듯이 튼튼한 제 얼을 찾고서야 모든 일을 바르게 할 수 있지 않겠는가? 그 얼을 담아 겉으로 드러내는 것이 말이다. 그 나라의 말이야말로 씨알(민중)들의 얼을 담고 있는 그릇이라 할 것이다.

그런데 요새 우리의 말글살이는 어떠한가? 함부로 제멋대로 말하고 글을 씀으로써 너무나도 어지럽고 서글픈 현실이다. '한글맞춤법 통일안'은 우리 겨레의 말글살이에서 헌법과도 같은 것이다. 그것을 벗어나고 떠나서는 올바른 삶을 영위할 수 없지 않겠는가?

아무리 학교에서 열심히 가르쳐도 사회를 이끌어갈 신문과 방송의 언론매체에서 이를 파괴하고 제멋대로 어긴다면 어떻게 되겠는가? 잘못하고 있는 일은 하루 속히 바로잡아야 할 것이다.

여기에 그 보기를 몇 가지만 들어 우리 모두가 반성할 것을 촉구한다.

○ 10억 黨에 토스 : '10억 원을 어느 정당에 주었다.'는 기

사인데 마치 개량한복에 유관을 쓰고 서양 춤을 추는 꼴이다. 신문은 어린이부터 할머니까지 온 겨레가 모두 읽는 것임을 명심한다면 '10억 원 당에 주다' 라고 써야 마땅하지 않겠는가?

○ 돈 No, 챔프 Yes : '돈은 싫고, 챔프는 좋다.' 는 뜻으로 쓴 제목인데 한글에 로마자와 영어(외래어가 아님)를 섞었으니 이게 세계화란 말인가? 어이없고 기막히고 슬프고도 울화가 치밀지 않는가? 그러니 '돈은 아니요, 선수는 좋아요.' 라고 쓰든지 아니면 달리 표기해야 한다. 그런데 "챔프(Champ)"는 '흥분해서 이를 갈다' 와 '자주 씹는다' 는 영어이니 여기에는 어울리지 않고, 또 "챔피언(Champion)의 준말"로 써서 '선수, 전사, 투사' 라는 영어이니 더구나 아리송하지 않는가?

○ 野, 司正說에 맞불 초강력 카드 : '야, 사정설에 맞불 초강력 방책' 의 뜻으로 쓴 기사인데 '카드(card)' 는 '두꺼운 종이쪽지, 명함, 엽서, 이상한 놈, 수단, 방책' 등 여러 가지로 뜻이 바뀌는 영어이니 함부로 써서는 안 된다. 더구나 이 제목은 '야, 사정설에 초강력 맞불' 이라고 하면 되지 않겠는가?

○ 三省 vs 現代 : '삼성과 현대' 라고 해도 좋고, '삼성 대 현대' 라고 해도 좋을 것을 'vs' 라니 얼이 빠져도 너무 심하다고 하겠다.

○ '쿨' 한 예술 : '서늘한 예술' 이란 뜻으로 썼겠으나 '쿨(cool)' 은 '차가운, 냉담한, 값어치 없는, 희미한, 차분한' 등 여러 가지로 쓰이는 말이어서 기절초풍할 지경이다.

이 따위를 보기로 들자면 끝이 없는데 "고령사회 인프라가 없다", "시사터치", "영업파트", "임금피크제", "사회 패러다임", "이미지 파워", "이미지테크", "칭찬파워", "에너지 레벨을 높이자", "슬럼프가 오면 조용히 극복하자", "당신 자신을 브렌드화 하자", "21C 영상산업" 등 이루 셀 수 없을 정도로 범람하고 있으니 이를 어쩔 것인가? 이 나라의 신문들이 누구를 위해서 만들고 있는지 도저히 이해할 수가 없다.

나는 며칠 전에 어느 대학신문에서 'The 아름다운 세계' 라는 큰 글자의 표제를 보고 아연실색했다. '더 아름다운 세계' 라고 써야 할 것을 그렇게 쓰면 더 멋진 표기라고 여기는 그 생각이 두렵다. 아마도 'Hi 서울 Green 청계천' 이란 표어를 지하철 광고판에서 날마다 보고 배운 것이라고 웃어넘길 수 있을까?

그뿐이 아니다. 문제가 중국글자(한자)를 섞어 쓰는 일에 이르면 더욱 기가 막히다. 신문에서 시각적인 효과를 노리고 그 뜻을 가려놓기 위해서 그런지는 몰라도 착각도 유만부동이지 제 주관적으로 남이야 읽든지 말든지 '나는 아랑곳하지 않는다(오불관언)' 는 오만과 방자함이 극치를 이루고 있다. 그 보기를 하루치의 어느 신문에서 큰 활자로 제목을 적어놓은 것만을 뽑아보면 이렇다.

"北, 다자대화 수용 뜻 시사", "中 외교副부장에 전달", "北-美간 우려사항" "굿모닝 계약자 協", "鄭대표에 '내일 출두' 3차 소환장"(여기서 '정대표에' 는 '정대표에게' 로 써야 한다),

"全北, 새만금 중단 반발", "대선자금 盧부터 밝혀라"('노부터'는 대통령을 가리키는데 우선 예절에 어긋난다. 우리가 뽑은 대통령을 동네북처럼 함부로 부르는 일은 제 얼굴에 침 뱉기가 아닐까? 하기는 이미 YS, DJ 등으로 미국식도 아닌 영자표기로 쓸 때부터 얼빠진 이들 때문에 나라꼴이 엉망이 되었다.), "佛, 일간지", "돈 수수說 5명 實名 보도", "與, 일부", "北核 다자회담 무르익다", "굿모닝 私債 280억 쓰고", "김일성 父子 동영상", "출국前 재산정리", "本社, 법무부 공동주최", "신용평가 받는 日사립大 늘어", "換亂후 첫 판매감소", "반도체 勢몰이" 등 한도 끝도 없이 벼논에 피가 섞이듯 하고, 마치 독버섯처럼 눈에 거슬린다. 더구나 그 중국글자들은 한글로 써도 알만 하고, 오히려 중국글자를 모르는 독자들은 건너뛰며 읽어야 하니 그러고도 신문 값을 내야만 할까?

이런 골병은 거리의 간판이나 제약회사의 약광고와 관공서의 선전용 현수막에서 더 심하다. 심지어 어떤 정치지도자는 "대표가 스트레이트 포워드한 성격이라 그런 말을 한 것 같다."고 말했다고 보도되었다. 그저 "대표께서 솔직한 성격이라 그런 말씀을 하신 것 같다."고 하면 좋을 것을 그렇게 말했으니 '하나를 알면 열을 안다.' 고 하면 지나칠까?

한 겨레의 말글이 살아야 그 겨레의 얼이 튼튼히 이어진다고 여겨진다. 아무리 세상이 혼탁해도 우리의 말글을 아름답고 바르게 다듬고 키워가며 제 얼을 지켜가도록 먼저 어른들이 조심하고, 어린이들에게 모범을 보여주도록 힘써야 하겠다.

겨레말에는 그 겨레의 얼이 담겨 있다. 그러기에 이 누리에서 겨레마다 이어온 삶의 자취에서 저마다 다른 모습을 찾아볼 수 있다. 우리 배달겨레는 다섯 즈믄(오천)도 더 되는 해를 지내오면서 남과 다른 나만의 유다름을 지녀왔다.

그러나 지난날에 중국을 큰 나라로 섬기려는 무리들이 한문을 높였기 때문에 우리의 말과 얼이 주눅이 들었던 때가 있었다. 그러다 일본이 우리나라에 쳐들어오자 또 일본에 빌붙는 이들이 나타나 일본말 쓰기를 좋아하고 우리말은 얕보며 없애려고까지 했다.

이른바 저들이 억지로 일본이름으로 고치고, 일본말만 쓰게 하며 조선말 없애기를 서두를 때에 그 앞잡이가 된 무리들이 적지 않았다.

그러나 이 나라의 수많은 씨알들(민중)은 조금도 흔들림 없이 겨레말과 겨레 얼을 지키는 데 힘썼다. 지난날에 한문화의 굴레에서 앓고 있던 이 땅의 씨알들을 사랑하여 '한글(훈민정음)' 을 새로 지어 널리 폄으로써 겨레문화를 꽃피우게 하신 세종 임금과, 사나운 일본의 우리말글 죽이기에 맞서 끝까지 싸워 이긴 한글학회의 회원들은 이 겨레의 갸륵한 어른들이었다.

그런데 요즘에 이 땅에서는 이른바 세계화를 내세우며 영어를 알아야 세계인이 될 수 있다고 말하는 얼뜨기들이 나타나고 있다. 그래서 아직 우리말도 제대로 익히지 못하는 어린애들에게 혀 꼬부라진 말소리를 흉내내게 하는 어버이들까지 나타났다. 이제는 미국을 큰 나라로 섬기려는 얼빠진 무리들이 또 겨레말을 얕잡아보며 숨통을 끊어놓으려 날뛰고 있는 것이다. 더구나 행정기관의 공무원들 중에 저도 잘 모르는 외국어(영어)를 함부로 쓰고 있는 것을 보면 안타깝기 그지없다.

오늘 아침 방송에서도 웃지 못 할 외국어들이 쏟아져 나왔으니 이런 것이었다.

① 모닝 와이드 ② 차이나 투데이 ③ 패스트 푸드 ④ 브랜드 이미지 ⑤ 차이나 드림 ⑥ 마케팅 전쟁 따위였다. 참으로 이 말의 뜻을 알아듣는 씨알들이 몇 사람이나 될까? 그래 배웠다는 몇 사람을 위한 방송인지 온 겨레가 함께 쓰는 방송인지 알 수 없는 일이다. 이것들을 이렇게 고쳐 말하면 안 될까? ① "아침+넓은"은 말이 안 되니 차라리 '아침 누리(세상)' 가 좋다. ② '중국+오늘' 도 '오늘의 중국' 이면 된다. ③ ' 과자 등의 재료, 점토, 연고+음식' 은 말도 안 되니 '새 먹거리' 라고나 할까? 잘 생각해 볼 일이다. ④ '상표+인식' 이니 '상품 느낌', ⑤ '중국+꿈' 이니 '중국의 꿈', ⑥ ' 시장, 판로+전쟁' 이니 '팔기 싸움' 이라면 더 쉽지 않은가?

모름지기 우리말을 살려 써야 하겠다는 깨우침이 있어야 한다.

다음 것들은 《지방행정》에 실린 글에서 눈에 뜨인 것이다. 좀 생각해 보기로 한다.

① 지원 센터 ② 국민캠페인 ③ 서비스업 ④ 퍼블릭 코멘트 ⑤ 시스템 정착 ⑥ 시민 코디네이터 양성 ⑦ 시민참가추진 포럼 ⑧ 행정자료 코너 ⑨ 관광인프라 구축 등을 읽는 이들이 얼마나 알 수 있을까? 차라리 ① 돕는 곳 ② 국민운동 ③ 접대업 또는 섬김일 ④ 시민 의견 듣기 ⑤ 제도 정착 또는 짜임새 굳히기 ⑥ 시민 조정사 양성 또는 시민 도우미 기르기 ⑦ 시민참가추진 토론회 ⑧ 행정자료실 ⑨ 관광 효과 구축 또는 관광수입 늘리기 등을 생각할 수 있다.

또 ① 각종 테마 공원 ② 2차 펀드를 추진할 계획 ③ 테크노펀드 ④ 다양한 메뉴 ⑤ 정보 콘텐츠 구축 ⑥ 바이오테크 2000 사업 ⑦ 자원봉사 릴레이 ⑧ 조직개발 컨설턴트 ⑨ 팀웍을 강화함 등은 어쩌면 갓 쓰고 양복을 입은 것처럼 한자말에 영어를 덧붙인 말이니 어색하고 어울리지 않는다. 오히려 ① 온갖 놀이터 ② 두 번째 돈을 모으기 ③ 기술자금 ④ 온갖 품목 ⑤ 정보 목록 만들기 ⑥ 산 기술 2000년 일 ⑦ 자원봉사 잇기 ⑧ 조직개발 고문 ⑨ 짜임새를 알차게 함 등으로 하면 어떨까?

아무튼 바깥나들이를 자주 하는 몇몇 사람들이야 세계인으로 스스로 여겨도 거리낌이 없겠지만 우리 겨레의 수많은 씨알들이야 우리말과 우리 얼을 지키고 넉넉하게 해야 할 마음가짐이 있어야 한다. "호랑이에게 물려가도 제 얼은 지켜야 한다."는 말도 있거니와 아무리 세상이 바뀌어도 배달겨레는 깨끗한 배달의 말과 얼을 튼튼하게 살려가야 하지 않겠는가?

한국방송의 제 구실

새해 들어 한국방송(KBS)의 아침 어린이 프로가 바뀌면서 'TV 유치원' 의 내용이 아주 달라졌다. 시끄러운 음악과 함께 시작하는 첫머리의 자막에 "Let' s Densing Sing A Song"이 나오더니 "이크, 애크"란 말을 되풀이하면서 어린 사내아이(애크)와 어린 계집아이(이크)가 나온다. 그리고 남주인공으로 "파니", 여주인공으로 "샤라"와 "위키"란 이름의 소년과 소녀들이 나온다.

그런가 하면 노래를 시작하자고 하면서 "윌 위 고"라고 하는가 하면 "이크 애크 뭐하고 놀 거니?" 따위 어느 나라의 말인지도 모를 이름을 불러댄다.

이건 도대체 어떤 생각으로 만들어 놓은 프로인지 어이없고 기가 차서 볼 수가 없다. 도대체 이 나라의 어린이들의 넋을 아침부터 이렇게 흔들어 빼야 하는지 모르겠다. 복순, 순이, 꽃순, 동식, 철수, 무쇠들은 어디로 가고, 이크, 애크, 파니, 샤라, 위키들이 대한민국의 어린이동산을 차지했단 말인가?

우리의 선각자이신 박은식 선생은 "일본말을 가르치면 일본 사람이 되고, 중국말을 가르치면 중국 사람이 되므로 우리는 우리말을 가르쳐야 한다."고 말씀하셨다. 그뿐인가? 공자도 "바른 이름을 가져야 바른 마음이 생기고, 바른 마음이 생겨야 바른 정치가 이루어진다."고 하지 않았는가?

그런데 한국방송에서는 제 나라의 어린이들에게 기쁨과 소망을 안겨주기는커녕 국적 불명의 이상한 이름을 붙여줌으로써 겨레 얼을 멍들게 하고 있으니 어찌 안타깝지 않겠는가?

하물며 방송은 온 국민에게 정보와 지식을 전달하고, 오락과 휴식을 제공하는 문화매체로서의 구실이 있으므로 공공성과 교육성을 지니고 있는 것이다.

방송법 제 2조 1항에는 "방송은 인간의 존엄과 가치 및 민주적 기본 질서를 존중해야 하고, 국민의 화합과 조화로운 국가의 발전 및 민주적 여론 형성에 이바지해야 하며, 다른 사람의 명예나 권리를 침해하거나 범죄 및 부도덕한 행위를 조장해서는 안 된다……. 민족문화의 창달, 문화생활의 향상에 이바지해야 하고, 언어순화에 힘써야 한다."고 밝히고 있는데 그 중에서 언어순화의 차원에서도 그래선 안 될 일이다.

또 '방송 심의에 관한 규정' 제 52 조에는 ① 방송은 바른 말을 사용하여 국민의 바른 언어생활에 이바지해야 한다. ② 방송은 바른 언어생활을 해치는 억양, 어조 및 비속어, 은어, 유행어, 조어, 반말 등을 사용해서는 아니 된다고 했다.

그리고 제 53 조에도 "방송은 사투리나 외국어를 사용할 때는 국어순화의 차원에서 신중해야 하며, 사투리를 사용하는 인물의 고정 유행을 조성해서는 아니 된다."고 했으니 이는 방송인들에게 국어를 순화시켜야 할 책임이 막중함을 일깨우는 말이다.

그렇다면 한국방송에서는 깊이 생각해서 'TV 유치원'의 프로 내용을 보다 더 한국의 어린이들에게 어울리도록 하루라도 빨리 바꿔야 할 것이다.

물론 여러 방송사에서 언어교양 프로그램을 통하여 우리말 교육에 힘쓰고 있음을 잘 안다. 이를테면 한국방송(KBS 1TV)의 '바른말 고운말'과 '우리말 겨루기'며 문화방송(MBC)의 '우리말 나들이', 그리고 서울방송(SBS)의 '사랑해요 우리말' 등이 그것이다. 이러한 방송은 시간을 좀 더 늘려서라도 바르고 아름다운 우리말 가꾸기에 정성을 쏟아야 하지 않겠는가?

끝으로 독일의 언어철학자인 훔볼트가 한 말을 되새기면서 한국방송이 제 구실을 잘 감당해 주기를 바란다.

"모든 말에는 한 겨레의 문화적인 전통 속에서 자라난 얼이 담겨 있다. 말은 늘 하나의 공동체와 더불어 자라나는데 그 말 속에는 그 공동체의 정신적인 전통이 담겨 있어서 그 공동체에 속한 사람들의 정서와 사유와 감성까지 인도한다."

동상 제자리 찾기

우리나라가 광복이 되자 잃었던 우리의 역사를 되살리는 움직임이 일어났다. 우리의 말과 글을 되찾아 가꾸고 가다듬어 바르고 아름다운 말글로 키워낸 일이 그것이요, 여기저기에 갸륵한 옛 어른들의 자취를 새로 심는 일들이 그것이다. 특히 서울시에서는 길거리의 이름을 세종로 · 충무로 · 퇴계로 · 율곡로 · 충정로 · 원효로 등으로 지어 부름으로써 우리 역사에서 겨레의 큰 별로 우러르는 분들을 기리고 있다. 그리고 동상을 세워 아침저녁으로 오가는 씨알(시민)들이 그 동상을 바라보며 새삼 고마움을 느끼고, 새로운 다짐을 하도록 일깨우고 있다.

그런데 서울의 한복판인 세종로에 충무공(이순신 장군)의 동상을 세워놓은 것은 아무래도 어울리지 않는 것은 아닐까? 세종로에는 세종회관과 함께 세종대왕께서 훈민정음을 손에 든

채 읽고 있는 동상이 서있어야 마땅할 것이다. 그러므로 충무공의 동상은 충무로의 한복판으로 옮겨 세워야 하지 않을까? 이렇듯 동상의 제자리 찾기를 서울시에서는 서둘러 힘써야 한다. 그와 함께 퇴계로에는 퇴계(이황 큰선비)의 유관을 쓰고 서있는 동상을, 율곡로에는 율곡(이이 큰선비)의 선비옷차림의 동상을, 충정로에는 충정공(민영환 열사)이 칼을 차고 서있는 동상을, 원효로에는 원효 큰스님이 목탁을 들고 서있는 동상을 세워서 그곳에 살고 있는 씨알들(구민)의 자랑거리로 삼아야 할 것이다.

이렇듯 뿌리를 찾아 그 고장의 얼 버팀목(정신적 지주)으로 삼은 보기를 내가 본 바로는 전남 장흥의 들목 넓은 터에 존재 위백규(1727 · 1798)의 존재동상과 강진의 들목에 다산 정약용(1762 · 1835)의 다산동상이 서 있는 것을 들 수 있다. 아마도 온 나라의 지자체에서 그 고장의 자랑스러운 어른들의 동상을 세운 곳이 많을 것이다.

요즈음 중국에서는 엄청난 규모로 동상 세우기를 펼치고 있는데 산동성 치박의 강태공 유적지의 넓은 뜰에 세운 강태공 동상은 어마어마한 크기였다. 또 산서성 광안시의 등소평 거리에도 등소평의 동상과 기념관을 크고도 넓게 만들어놓았다. 그들의 역사 새로 만들기의 열정을 다른 산의 돌(타산지석)로만 치부할 수 없지 않은가?

아무튼 서울의 거리마다 그곳을 드러내는 상징물로서 겨레의 스승들의 동상을 제자리에 세움으로써 겨레 얼(민족정신)을 되살리고, 날마다 그분들을 우러러 본받으며 살아가는 씨알들(백성)이 되었으면 얼마나 좋겠는가?

우리 모두가 깊이 생각해 보아야 할 것 같다.

나라사랑의 길

한 나라의 씨알로서 제 나라를 사랑하지 않는 사람은 없을 것이다. 누구나 나라사랑의 마음이야 가셔지지 않겠지만 그래도 얼빠진 이들은 어느 때나 있기 마련인가 보다.

"特報 金永三 前大統領 특별강연—初等學校 漢字教育은 英語教育과 함께 절대 必要—새 政府는 前職 大統領과 歷代 教育部長官 13분의 '初等學校漢字教育' 建議를 즉각 수렴해야 文化危機를 극복할 수 있다. 漢字教育 추진운동에 뜻 있는 분은 누구나 참여하십시오! 漢字教育을 철저히 해야 국어 생활을 正常化할 수 있고, 傳統文化를 계승할 수 있고, 人性教育을 바로 할 수 있으며, 21C 漢字文化圈시대에 韓國의 孤立을 막기 위하여 死亡 5분전의 漢字를 되살리려는 救國運動입니다. 뜻 있는 분의 많은 참석과 적극적인 성원을 앙망합니다.— 本聯合會 會長 閔寬植 博士— 討論 : 沈在箕 博士(前國立國語研究院 院長) 申採湜 博士(前韓國東洋史學會 會長) 朴桂瑛 校長(京畿 梧里초등학교) 陳泰夏 博士(韓國語教育學會 會長)

⊙ 日時 : 2003年5月22日(木) 午後 2時

⊙ 場所 : 水雲會館(3호선 안국역 5번 출구)

⊙ 主催 : 社團法人 全國漢字教育推進總聯合會"

이는 2003년 5월 17일 아침 〈중앙일보〉의 광고란에 김영삼 전 대통령의 사진과 함께 크게 보도된 내용을 그대로 옮긴 것이다. 아침 신문의 첫 장부터 한글로만 짜여진 글씨를 읽어나가다 갑자기 시커멓고 칙칙한 이 글씨들을 보고 놀랍고도 어이가 없었다. 지금이 어느 때라고 이런 망령이 되살아나려는가? 치미는 역겨움을 내리누르고 다시금 글자 수를 세어본다.

194개의 한자를 큰 활자로 쓴 곁자리에 128개의 한글이 울창한 가시덤불 속에 가려진 들풀처럼 깔려 있었다. 이렇게 써놓아야 ① 국어생활이 바르게 되고 ② 전통문화가 이어지고 ③ 인성교육이 바로 되고 ④ 21세기 한자문화권에서 고립되지 않고 ⑤ 구국운동이 된다는 말인가? 그럼 이 다섯 가지의 문제만을 놓고 그 옳고 그름을 살펴볼 필요가 있겠다.

첫째로 국어생활이란 무엇인가? 한국사람이 한국말로 살아가는 것을 말한다. 한국말에는 소리 말과 글말이 있다. 세종 임금께서 한글을 지으신 목적이 한국말이 중국말과 다르기 때문에 그들과 다른 한국말을 적기 위해서 한글(한국글)을 새로이 만드신 것이 아닌가? 그럴진대 제 나라의 말과 글을 바로 쓰는 일이야말로 국어생활을 바로 하는 것이다. 그러나 한자 쓰기만 알았던 최세진과 같은 무리들은 새로운 한글(훈민정음)쓰기를 반대함으로써 역사에 그 이름을 더럽혔으니 참으로 안타까운 일이었다.

일제의 강압으로 한국말과 글을 쓰지 못하다가 조국이 광복되자 우리 겨레는 바른 국어생활을 위해 우리말을 한글로만 쓰기로 헌법에서 정하고 온 국민이 한글문화를 꽃피워왔다. 그러는 사이에도 국한문 혼용론자들의 끈질긴 방해를 이겨내고 마침내 지금은 모든 신문과 잡지며 책들이 가로짜기로 한글만을 주장으로 쓰고 있으니 어찌 국어생활이 바르게 되어오지 않았다 할 것인가?

둘째로 전통문화를 잇는 일은 무엇을 말하는가? 한자로 적혀 내려온 조상들의 책들을 한글로 옮겨서 한글세대에게 그 정신을 이어주는 구실을 해야 할 사람들이 그동안에 이룩한 업적을 높이 기려야 한다. 이를테면 이황의 《퇴계집》과 이이의 《율곡전서》 등을 쉬운 한글(한국말)로 옮겨 놓았으니 이른바 한문을 보지 않고도 그분들의 생각과 자취며 뛰어난 얼을 이어받을 수 있는 것이다. 우리가 영어를 잘 해서 셰익스피어를 알고, 밀턴을 알았던가? 영문학자들이 우리말로 옮겨준 《햄릿》과 《맥베드》,

《오델로》 등의 희곡과 《실락원》과 《복락원》 등의 시집을 읽고서 그들을 알게 된 것이다. 하물며 우리의 전통문화를 이어가도록 수많은 학자들이 애쓰고 있으니 우리 국민들은 그들이 한글로 풀어놓은 문화유산을 누리면 그뿐이 아니겠는가?

이제는 오히려 한글문화를 세계의 여러 나라 사람들이 알 수 있도록 한글의 세계화에 힘쓸 일이다.

셋째로 한자를 가르쳐야 인성교육이 된다니 논리의 모순이 심하다 할 것이다. 한자나 한글이나 로마자나 가나문자는 모두가 말을 담는 그릇에 지나지 않는 것이다. 공자와 맹자의 가르침은 한자로 담을 수밖에 없었기에 그랬거니와 요즘에 중국에서는 간자체로 바뀌었으니 그럼 그 간자체로는 인성교육이 안 된다는 말인가? 이 순신의 《충무공일기》를 영문으로 옮겨서 미국의 사관학교에서 군인정신의 거울로 삼는 일은 한자를 가르쳐서 하는 일인가? 사람을 사람답게 가르치는 일은 윤리 도덕 교육을 통해서 이루어지는 것이지 한자를 가르쳐야 되는 것이 아님을 '석 자 어린이' 도 알고 있는데 어쩌자고 망령을 부리는가? 이른바 "사람들을 속여 어리둥절하게 하고, 세상을 어지럽힘(혹세무민)" 도 '분수에 맞지 않음(유만부동)' 이라 할 것이다.

넷째로 21세기를 한자문화권시대라니 모화사상이 되살아났단 말인가? 서양문화권에서 들으면 어처구니없어할 일이요, 일본사람들도 어리둥절해서 달가워하지 않을 것이다. 내가 지난날에 문화체육부의 자문위원으로 있을 때였다. 그때 김영삼

대통령이 중국에 처음 가서 장쩌민 주석을 만나 한 · 중 · 일 세 나라의 한자를 통일하자고 제의했다는 것이다. 한국은 번자체를 쓰고 있고, 일본은 그들대로 약자를 만들어 쓰며, 중국은 옛 글자를 고쳐 간자체로 쓰고 있으니 무역하는 데 지장이 많다는 이유였다. 그러자 중국 쪽에서는 연구해 보자고 하고, 일본측은 심드렁했다는 보고였다. 그 때에 나는 어처구니가 없어 반론을 편 일이 있었는데 얼마 되지 않아서 또 영어를 초등학교에서 가르쳐야 세계화가 된다고 했것다. 나는 "얼빠진 사람"이란 글로써 그의 모자람이 이 나라 어린이교육을 수렁에 몰아넣는 것을 통탄한 바가 있었다. 그래 한글문화를 어찌하고, 한자문화권에 예속되기를 꿈꾼단 말인가? 그렇지 않아도 요즘 영어문화권에 들어가지 못해 안달하는 무리들 때문에 가엾은 어린이들만 죽을 지경으로 시달리고 있는데 또 한자문화권을 거들먹거려 이중삼중으로 압살시킬 것인가?

다섯째로 한자를 되살리는 일이 구국운동이라니 '말이 조금도 이치에 맞지 아니함(어불성설)' 도 이쯤 되면 '입이 있어도 말할 수 없다(유구무언)' 할 것이다. 나라를 살리는 일은 제 나라의 모든 것을 사랑하고, 그것을 훔치려는 도둑으로부터 지키고, 수렁에 빠지려는 겨레를 건져내는 일이 아닌가? 중국글자인 한자를 되살리려는 움직임을 물리치는 일이야말로 구국운동이 되는 것이다. 지금 우리나라는 어줍잖은 지도자들 때문에 정치와 경제, 사회와 문화 등 모든 면에서 바로잡히지 못하고,

어긋나는 일들이 많다.

"호랑이에게 물려가도 제 정신을 지키면 살아날 수 있다."고 한 우리 조상들의 속담을 되새겨야 할 때가 지금이 아닌가 여겨진다.

아름다운 서울이 그리워

터키에서 느낀 일

무순 감옥 찾아가기

끝 간 데 없는 사랑

백범 김구 선생

미국의 도서관들

동리 · 목월 문학관에서

수필은 눈물의 씨앗인가?

아름다운 서울이 그리워

오는 10월 초하루엔 청계천의 물꼬가 트인다고 한다. 서울시의 홍보로는 맑은 물 속에서 물고기들이 헤엄치는 것을 볼 수 있단다. 아직도 마무리 공사가 한창인데 세종로의 광교 쪽에서 흘러내리는 물줄기를 따라 왕십리까지 산책로도 이어진다고 한다. 그런데 양쪽의 자동차 길까지 살려야 하니 청계천의 너비는 좁아질 수밖에 없어 자칫 도랑물 길이 되지 않을까 걱정이 된다. 좀더 강폭을 넓혀서 운하처럼 유람선을 띄울 수는 없는 것일까?

내가 네덜란드에 가서 보니 암스테르담 시내를 흐르는 강물은 도로의 높이 가까이까지 넘실거리고 있었다. 그 물 위에 오리들이 떠다니고, 짐을 실어 나르는 작은 배들이 오갈 수 있도록 깊이 준설작업을 해 놓았었다. 서울의 청계천도 그렇게 했더라면 좋았을 것이라고 생각한다면 터무니없는 과욕일까?

애초에 우리나라가 광복될 때까지도 청계천은 꽤 넓은 강폭을 지니고 광교며 수표교가 길게 놓여 있었다. 그러나 상하수도의 관리를 소홀히 해서 도랑물길이 썩은 냄새를 풍기며 쓰레기장처럼 되었었다. 거기에 교통량은 많아져서 궁리 끝에 그 무렵 시청의 공론으로 청계천을 덮고 그 위에 고가도로를 만들어 숨통을 터 보자고 했을 것이다. 그러구러 시간이 흐를수록 복개천 밑에서는 가스가 폭발지경에 이르고, 고가도로는 도시의 미관을 해치는 흉물로 바뀌었다. 그래서 이번에 고가도로를 철거하고, 청계천을 되돌려 놓게 된 것은 아주 잘한 일이라 할 것이다. 다만 아쉬운 것은 아름다운 환경으로 조성하면서도 그 효용성을 배가시키지 못한 것이다. 아마도 한 십 년쯤 가면 청계천의 산책로를 없앤 다음 도로에서 직각으로 강폭을 넓히고 강바닥을 깊이 준설하지 않으면 안 될 것이라고 여겨진다. 그러나 이런 내 생각을 부질없는 망상이라고 생각하는 전문가들이 더러 있을 것이니 두고 볼 일이다.

조국이 광복되자 바로 나는 서울에서 살아왔다. 그래서 일제가 남겨두고 간 시내 전차를 타고 출퇴근하며 몇 해를 지냈다. 그러다 자동차가 늘어나며 교통량이 많아지게 되니 땅 밑으로 지하철을 깔면서 땅 위의 철길을 철거해 버렸다. 그 때 나는 노량진에서 청량리까지만이라도 전차는 두어야 한다고 생각했었다. 유럽의 도시들에는 아직까지도 전차가 움직이고 있지 않은가? 조금쯤 느리더라도 땡그랑땡그랑 종을 울리며 시내를 누비는 여유로움이 있어야 하지 않겠는가? 그런데 우리는 그 무렵에 경제 제일주의에 정신이 없어 빨리빨리 모든 일을 해야 한다고 생각한 나머지 느긋하게 주변 경관을 바라보며 굴러가는 전차를 없애야 했었다. 그러나 지금 문화지상주의와 관광산업사회로 들어와서 다시 생각해 보니 땅 밑을 두더지처럼 기어갈 것이 아니라 땅 위에서 느긋하게 맑은 공기를 마시며 살아갈 필요가 있게 된 것이다.

그렇다면 언젠가는 다시 지상에 전차를 놓아야 할 것이다. 거기에 더해서 어떤 도시의 관광 특별구역에는 이른바 에스컬레이터(자동계단)를 땅바닥에 깔아놓고 아무데서나 타고 아무곳에서나 내릴 수 있도록 하면 좋을 것이다. 이것은 이미 인천국제공항이나 다른 나라의 공항들에서 활용되고 있는데 내 말은 그것에 시속 50킬로쯤의 속도를 내게 하자는 것이다. 서울시에서 지금 시행하고 있는 일정한 구역의 중앙고속 버스노선처럼 가칭 자동고속 전자도로를 설치하고 시민들의 자유롭고 쾌적한 이동수단으로 삼아야 할 때가 올 것이다.

사실 세계의 여러 나라를 돌아다녀 보아도 우리 서울만큼 산 좋고 물 맑은(산자수명) 곳은 없다. 바로 남산(목멱산)이 앞에 있어 팔각정과 전망대며 온갖 나무들과 꽃들이 비단에 수놓은 듯이 아름답지 아니한가? 또 뒤로는 삼각산(화산)이 터를 잡아 자리하고 밖으로 북한산 줄기가 넓게 이어져 있어 시민들의 쉼

터가 되어 있지 아니한가? 그리고 남쪽으로 큰 강(한강)이 기다랗게 흐르고 그 너머에 남한산성과 아차산 줄기가 뻗어있으니 이런 경관을 어느 나라에서 찾을 수 있겠는가? 참으로 대한민국의 수도인 서울에서 살아가는 이들은 마치 천당이 아니면 극락정토에서 살고 있다 할 것이다.

그러나 이렇듯 좋은 명당자리에서 살아간다 할지라도 물질적인 풍요로움에 넋을 잃고 제 얼을 지키지 못한 채 남의 장단에 놀아난다면 안타까운 일이다. 몇 해 전부터 얼빠진 지도자들이 이른바 '세계화'를 떠벌려 제 나라의 말글을 업신여기고 한자에 중독된 머리로 영어에 심취해서 온 나라를 어지럽게 하고 있으니 기가 막히지 아니한가? 그래 서울을 자랑한다고 하면서 "하이 서울(hi Seoul)"이라고 온 시내를 도배질하고 있지 않은가? 아니 하이라니!

'하이(hi)'는 입말로 '야아(How are you?)'가 아니면, 만났을 때 또 말을 걸 때의 말인 '어이(Hello!)'의 뜻으로 쓰는 말이니 서울을 객관화시켜 놓고 반말로 '야아 서울'이나 '어이 서울'로 함부로 쓰란 말인지 자기 비하도 유만부동이라 할 것이다. 차라리 '안녕하세요, 서울이여!'라고 하거나 '반가와요, 서울'이라고 했더라면 더욱 좋았을 것을.

그뿐인가? 서울거리마다 온통 영문 간판으로 뒤덮고 있으니 세계의 으뜸글자인 한글의 신세와 이 나라의 체면이 말이 아니다. 광복이 되고 우리 겨레의 자주 독립심이 높아졌을 적에는 모든 간판을 한글로만 쓰기로 하고 관청에서 단속 지도하던 때가 있었다. 그 때는 국론도 통일되고, 온 나라가 한 덩어리로 뭉쳤으나 요즘은 저마다 제 주장이요, 나라와 겨레는 뒷전이니 조국통일을 앞두고 부끄러운 일이다. 하루 빨리 서울시부터 잘못을 깨닫고 올바른 말글살이를 함으로써 다른 지자체의 본이 되어주기를 바랄 뿐이다.

터키에서 느낀 일

지난 7월 22일부터 8월 14일까지 나는 터키의 기독교 성지와 문화 유적을 찾아 5년 만에 다시 그곳으로 갔었다.

그러나 이번 여행은 한국에서 월드컵을 개최하며 우리나라와 터키가 함께 4강에 오름으로써 형제의 나라, 혈맹의 나라임을 거듭 확인한 뒤였기에 더욱 뜻깊고 즐거운 나그네 길이었다.

우리가 이스탄불을 거쳐 앙카라로 가서 먼저 찾은 곳은 아다튀르크 영묘였다. 터키공화국의 아버지인 무스타파 케마르 아다 튀르크를 장례하고자 1944년부터 53년에 걸쳐 만들어진 무덤이다. 그 언덕에 오르니 사방으로 앙카라 시내가 내려다보였다. 터키의 국영방송 TRT는 날마다 텔레비전을 시작하고 마칠 때에 국가와 함께 방영할 만큼 전망이 좋은 곳이다.

입구에는 '독립의 탑'과 '자유의 탑'이 있다. 그 앞에는 양쪽에 세 사람씩의 남녀상이 있다. 남성들은 터키를 이끌어갈 학업 · 농업 · 군사에 종사하는 청년상이고, 여성들은 미래를 밝히는 그릇을 든 여인과 아다 튀르크의 죽음을 슬퍼하며 울고 있는 여인상들이 큼직하게 서 있다.

안쪽의 광장 왼편 높은 자리에 큰 기둥들로 떠받들어 놓은 건물에는 아다튀르크의 석관이 모셔져 있다. 그 관을 바라보며 광장의 맞은편에는 제 2대 대통령 이스메트 이노뉴(Ismet In.n.)의 무덤이 있는 것도 인상적이었다.

본명이 무스타파 케말(Mustafa Kemal)은 살로니카 출생으로 따로 케말 파샤라는 이름도 있다. 그는 1919년 5월에 소아시아 동부주의 총독으로 파견되어 이스탄불에서 흑해연안의 삼순에 상륙하고, 유럽 열강의 오스만투르크의 분할에 반대하고 터키민족의 독립운동을 일으켰다. 1921년 8월부터 9월에는 앙카라를 향해 침공해 온 그리스군을 사카리아 강변에서 물리치고, 1922년 11월에 술탄제도를 폐지하고, 이듬해 1923년 7월엔 연합국과 새로 로잔조약을 체결한 뒤 10월 29일 인민공화당을 창설해서 공화국을 선포하고 초대 대통령이 되었다. 그는 재임(1923~1938) 중에 정당정치를 확립하고, 칼리프제를 폐지하며, 정교분리 · 문자개혁 · 교육개혁 등 근대화 정책을 추진했다.

특히 까다로운 아랍문자를 폐지하고 라틴문자를 채용하여 터키말을 적도록 한 일은 세계의 문자 개혁사에 빛나는 업적이 아닐 수 없었다.

그가 죽은 뒤 1934년에 대국민의회(터키의 국회)에서는 그에게 '터키의 아버지'를 뜻하는 아다 튀르크란 칭호를 증정함으로써 지금까지도 온 국민들이 경애하고 있는 것이다. 그가 생전에 터키의 각지를 돌아다니며 머물던 집들은 잘 보존되어 아다 튀르크의 집, 아다 튀르크 박물관으로 온 나라의 지방과 도시에 많다.

나는 터키를 돌아다니며 내 나라인 대한민국을 돌이켜보며 새삼 회한의 한숨을 쉬지 않을 수 없었다. 모진 일제의 강점기에 조국의 광복을 위해 몸바친 지도자들은 어떻게 되었던가? 초대의 이승만 대통령을 국부로 부르며 따랐지만 그와 그를 받들던 측근들의 오만과 방자로 마침내 "×승만"이 된 것을 어찌할 것인가? 이른바 민의를 조작하여 '우의마의'까지 동원하고, '사사오입'으로 공화국 헌법을 유린하며, 온 나라를 '사바사바' 공화국으로 전락시킨 끝에 아첨과 아부의 상징으로 살아있는 사람의 동상을 탑골공원에 세우더니 국민들의 손에 헐려 길거리에 끌려다니는 수모를 겪게 했으니 이를 어찌할 것인가?

오로지 조국의 광복을 위해 헌신하다가 분단된 이 땅의 통일만을 소원하고 남북의 가시밭길을 오가던 백범 김구 선생의 죽음을 생각할 때 어찌할 것인가? 조국의 문지기가 되어 국민들의 종으로 섬기겠다던 그 어른의 애국단심을 한 발의 흉탄으로 무너뜨린 정치적 음모로 '한국의 아버지'를 받들지 못했으니 이를 또 어찌할 것인가?

무순 감옥 찾아가기

2003년 10월 22일 수요일. 8시 40분에 집에서 나와 구청으로 가서 일행들과 만난다. 우대영 서대문구 부구청장과 장성기 서대문형무소역사관 관장, 그리고 양성숙 학예관이 먼저 나와 있다. 남도영 박사 · 홍헌일 원장 · 이현희 박사 · 김상웅 교수 · 기창표 구의원들과 함께 나도 운영자문위원의 한 사람으로 무순(撫順)감옥과 여순(旅順)감옥을 시찰하러 가기로 한 것이다. 총진행과 안내는 여순순국선열기념재단 박귀언 상임이사와 그의 아내 김선숙 님이다. 모두 11명이 6박 7일 동안 중국의 감옥을 살펴보러 가는 길이다.

9시 30분에 구청버스를 타고 인천공항으로 간다. 쾌청한 날씨라 고속도로의 주변 경관이 아름다운 금수강산임을 느끼게 한다. 외국 사람들이 공항과 성산대교까지의 영종도 앞 바다와 한강의 물줄기를 보며 어떻게 감탄할 지가 궁금할 지경이다. 이렇듯 자랑스러운 내 나라를 잠시나마 떠나야 하는 감회를 차창 밖으로 흩날리며 10시쯤에 공항에 이른다.

박 이사의 주선으로 중국 남방항공 CZ 682 편에 짐을 부치고 단체로 출국수속을 한다. 보안검색이 엄해져서 구두를 벗어 슬리퍼로 갈아 신고, 윗도리도 벗어 가방과 함께 X선을 통과시킨다. 미국 뉴욕의 쌍둥이빌딩을 무너져 내리게 한 국제 테러단의 여파가 이곳까지 밀려온 것이라 할 것이다. 37번 출구에서 12시 40분에 비행기를 타고 13시 30분에야 이륙하니 약 40분쯤 연발한 셈이다. 앞쪽의 2등석이 텅텅 비어 있어 박 이사가 아는 스튜어디스(여자 승무원) 김서령 아가씨의 배려로 남 박사와 내가 옮겨 앉으니 1등석이나 다름이 없다. 2등석 승객으로는 서양인과 그의 동반 여성뿐 우리와 모두 4명인데 점심도 융숭하고 푸짐하며 우아하니 보통석(이코노미 클래스)과는 천양지차라 마치 귀족이나 된 듯한 착각에 빠진다.

13시 55분(현지시각, 한 시간을 뒤로 돌려)에 심양(瀋陽) 국제공항에 도착하니 기온이 섭씨 10도라 삽상한 느낌이다. 넓은 평야의 한복판에 공항이 광대한데 고려항공기와 전일본항공기(ANA)가 서 있다.

현지 가이드인 임문성 님이 마중나와 14시 35분에 공항을 떠나 무순으로 간다. 50km의 거리를 1시간이나 걸려서 기어가니 거북이버스라고나 할까? 이곳 동북평야는 중국에서도 가장 넓은 지역이어서 한반도의 면적과 같은데 상해 쪽의 양자강 평야와 북경 쪽의 화북평야와 함께 삼대평야의 하나다. 도로포장이 잘 되어 있는 순환도로를 달리는 버스 안에서 하루가 다르게 발전하는 중국의 저력을 실감한다. 이 지역은 겨울의 설경이 좋아서 동남아의 화교들이 많이 오고, 봄과 가을에는 일본인, 여름에는 한국인 관광객들이 많이 찾아온단다. 그러나 요즘은 SAS 때문에 일본인들은 겁쟁이들이라 오지 않고, 한국인들은 많이 오니 용감무쌍하단다. 고속도로의 가에 미지장원(美地庄園)이란 큰 간판이 보이는 곳에는 새 고층건물들이 즐비하게 지어져 있다. 심양의 인구는 심양시가 520만 명, 농촌이 200만 명으로 모두 720만 명이나 되며 그 속에 조선족은 약 10만 명이 살고 있는데 한인거리(코리아 타운)는 불야성을 이루고 '설운도 노래방'이란 간판도 눈에 띈다. 한국 기업체도 20여 개가 들어와 있다고. 심양에선 산을 볼 수가 없는데 중국에서 5번째로 큰 도시이며 요녕성(遼寧省)의 성청 소재지다. 곧 상해–중경–북경–천진–심양의 순서를 말한다. 심양은 우리나라의 경기도 성남시와 일본국의 삿뽀로시와 결연을 맺었으며 15개의 대학이 있는데 동북대학은 학생이 1만여 명, 심양건축대학의 학생도 1만 명을 넘는다.

그리고 무순엔 큰 노천탄광이 있으니 둘레가 60km요 직경이 14km나 된다. 진시황(秦始皇) 때엔 요동(遼東)이었으며 고구려 유적지가 10여 곳이나 된다. 요즘 이곳엔 김치공장이 5개나 생겼는데 지금 서탑시장에서는 김치축제가 한창이다. 15년 전에 〈안중근의사 이등박문을 쏘아 죽이다〉라는 북한영화가 중국에서 상영되자 매우 인기가 있었단다. 중국 사람들은 이성계와 이순신 그리고 안중근을 가장 유명한 분으로 알고 있다고. 또 백두산 근처엔 양정무시가 있는데 그는 중국독립운동가로 유명한 사람이다. 9 · 18 만주사변기념관에는 김일성의 동상이 있다는데 중국의 총사령관인 양 정무 장군의 부총사령관이었기 때문이란다.

15시 5분에 무순고속도로 수비참(돈 받는 곳)을 통과한다. 무순은 도시인구가 200만, 농촌인구 200만, 총 400만 명인데 조선족이 3만 명쯤 되며 조선족만의 소 · 중 · 고등학교가 있다. 또 무순에는 3대 대학으로 무순대학, 석유화공대학, 방송대학이 있어 교육도시의 구실도 하고 있다.

15시 35분 무순감옥에 도착하니 현관의 양쪽 기둥에 '무순전범감옥'과 '무순전범관리소'라고 커다란 간판이 걸려 있다. 무순감옥은 만주국의 거짓임금(위황) 애신각라(愛新覺羅) 부의(傅儀)가 10년 동안 그의 아우 부걸(傅杰)과 함께 전범자로서 복역한 곳이다. 부의는 한 뉘에 세 번이나 황제자리에 오른 사람이니 1908년 3살 때 대청제국의 선통황제(宣統皇帝)가 되었으나 3년 뒤 신해혁명으로 쫓겨났다. 그러나 퇴위를 하고서도 자금성 안에서 수천 명의 환관, 여관, 왕공대신들을 거느리고 있다가 1924년 국민당 풍옥상(馮玉祥) 장군에게 북경에서 추방되어

천진(天津)의 외국조계로 옮겨졌다. 그런 사이에 황제 보호파 군벌에 의해 지위회복을 했지만 겨우 12일 만에 또 퇴위했다. 1934년 세 번째로 일제의 힘을 빌어 만주국의 강덕황제(康德皇帝)가 되었다. 그러나 일제의 패망과 함께 민족의 죄인으로 전범자가 되었다가 풀려나 1967년에 암으로 죽었으니 비극의 주인공이었다. 그는 1945년에 소련군대의 포로가 되어 적탑(赤塔)으로 호송되었다가 1950년 8월 소련이 중국에게 인도하매 무순전범관리소에 구금되었다. 그런 뒤 1959년 12월 4일 첫 번째 전범특사대회에서 특사되었던 것이다.

지금은 무순감옥을 전범관리소라고 부르며 일제 전범자들과 국민당 전범들의 행적과 그 초상화들을 진열하고 있다.

전시실의 제 1부분은 역사적 견증(歷史的 見證)실로 주요한 일본 전범, 위만 전범, 장개석집단 전범들의 사진들과 증거물을 전시해 놓았다.

제 2부분은 죄악적 전쟁(罪惡的 戰爭)실인데 사진과 설명문으로 그들의 죄악상을 보여준다.

제 3부분은 인도적 관서(人道的 寬恕)실이니 항일전쟁에서 승리를 얻음, 해방전쟁에서 승리를 얻음, 심각한 죄를 묻고 회개시키는 교육, 풍부한 문학 체육 오락 활동, 전범을 만나러 온 친우들, 중국 각지를 참관하며 학습함, 유익한 노동 개조생활 등의 해설과 사진들이 있고, 공산당 이론서적과 변증유물주의 논문집, 스탈린이 지은 레닌주의 책과 전범 병력기록 등이 진

열되어 있다.

제 4부분은 정의적 심판(正義的 審判)실로 최고인민법원이 조직한 특별군사법정에서 일본전범을 좋게 바로잡고 너그럽게 판결하는 광경을 사진과 자료, 증거물로써 선전하는 장면이다.

제 5부분은 화평적 호성(和平的 呼聲)실인데 몇 권의 일본책들이 진열되어 있다. 곧 《침략(侵略)》, 《삼광(三光)》, 《천황의 군대 '중국침략'(天皇の軍隊 '中國侵略')》, 《천황의 군대(天皇の軍隊)》(熊澤京次郎 著), 《우리들은 중국에서 무엇을 했는가(我たちは 中國で なにを したか)》, 《관동군의 만주침략 부 전쟁과 전범(關東軍の滿洲侵略 附 戰爭と戰犯)》(土屋芳雄 著) 등이 그것이다.

그리고 "중국인민의 관대정책에 감사하며 반전평화와 일중우호를 맹세함. 1965년 9월. 원 일본인전범 중국귀환자 연락회"에서 만든 동판을 큰 액자에 넣어 걸어 놓았다. 또 부의감실(傅儀監室)에서 "말대황제 부의 전제도편전(專題圖片展)"을 보고 그곳에서 《전범개조기실(戰犯改造紀實)》과 《日本戰犯改造紀實》이란 책 2권(50원)을 산 다음 그 저자인 유가상(劉家常)과 함께 사진을 찍고 나와 단체사진을 정문 뜰에서 촬영한다.

무순 감옥의 전시실에서나 유가상의 책자에서 강한 인상으로 느껴지는 것은 위대한 중국인민들의 관용의 미덕을 찬양하고 있다는 점이다. 특별군사법정에서 1956년 6월부터 7월까지 죄상이 무거운 일본 전범자 45명에 대한 재판을 하고, 한편 최고인민검찰원에서는 같은 해 6월부터 8월까지 일본전범자 중죄질이 가볍거나 개전의 정이 뚜렷한 1,017명에 대해서 기소면제를 함으로써 전범자 전원에게 관서를 베풀었던 것이다. 이는 오로지 주은래(周恩來) 총리의 "일개불살 일개불포 일개불사(一介不殺 一介不暴 一介不死 : 하나도 죽이지 않고, 하나도 달아나지 않고, 하나도 죽지 않아야 한다."는 말에서 비롯된 것이다. 이처럼 관대한 정책과 인도주의적 대우를 받은 전범자들이 차츰 양심을 되찾고 인간성을 회복할 수 있도록 도와주었으므로 일본으로 돌아가기 전날 밤에 "중일양국 인민의 우호와 단결을 위해 노력하겠습니다."는 글을 새긴 깃발을 보내고 떠났다고 한다. 유가상은 내가 산 그의 책자에 "전사불망 후사지사(前事不忘 後事之師 : 앞일을 잊지 않음이 뒷일의 모범이 됨)"라고 써서 건네주었다. 지난날 김일성란 때에 무자비한 보복을 일삼던 우리네 공산당과 이른바 캄보디아의 킬링필드에서 잔혹상을 보여준 폴포트 도당과 중국의 팔로군 출신자들이 이렇게도 다르단 말인지 스스로를 돌이켜보게 된다.

19시 35분에 서탑가의 한식당 '가야성' 에서 만찬을 드니 생선찌개와 꽁치 같은 고기의 소금구이로 냄새가 진동한데 술꾼들은 45도짜리 마오타이쩐제(茅苔鎮製)인 '라오훠쥬(老火酒)' 를 들고 비주류파는 칭따오파이쥬(青島牌酒)로 목을 축이며 이국정취에 잠긴다.

20시가 좀 지나서 글로리아 프라자 호텔(Gloria Plaza Hotel, 凱萊國際酒店)의 1001호실에 들어와 남도영 교수와 함께 짐을 푼다. TV에서는 한국영화도 나오니 역시 가까운 사촌 나라임이 틀림없다. 일행들에게 내가 쓴 《비단길 달려가기》를 한 권씩 선사하니 모두들 좋아라 한다.

끝 간 데 없는 사랑

사랑이 어떻더냐 둥글더냐 넓었더냐
길더냐 짧더냐 밟겠더냐 재겠더냐
지멸이 긴 줄은 모르되 애끊을 만하더라.

이것은 지난날에 어느 이름 모를 풍류객이 읊어 놓은 시조다.

사랑에 대한 푸념 같은 이 노래에서 우리는 사랑의 정체를 파악할 수가 있을 것 같다.

사랑은 둥글거나 모나지도 않으면서 때로는 둥글게 작용하여 사람으로 하여금 원만한 성품으로 바꾸어 놓는다.

그런가 하면 사랑과 미움의 갈등으로 네모 반듯하게 모가 나서 도저히 타협할 수 없는 냉혈한으로 만들기도 한다.

또 사랑은 넓은 것이면서 좁은 것이다. 예수께서 "네 이웃을 네 몸같이 사랑하라."고 하셨을 때 그것은 박애정신을 강조한 말이어서 한없이 넓은 사랑을 뜻하지만 "온 천하를 얻고서도 네 목숨을 잃으면 무엇이 유익하리오."라고 말했을 때는 자기 생명의 소중함을 강조한 나머지 자칫하면 가장 좁은 사랑의 표현일 수도 있다. 왜냐하면 자기편애를 하는 극단의 이기주의로 전락할 우려가 있기 때문이다. 사랑은 그 끝을 헤아릴 수 없는 것이기에 유행성 감기와도 같이 열기가 전염되면 온 누리에 번져 간다.

그런가 하면 한 치만큼의 길이도 용납되지 않는 옹색함으로 아집에 사로잡히기도 한다. 끝 간 데를 알 수 없는 사랑에서 무한한 희망과 가능성을 엿볼 수 있고, 사랑의 결핍에서 절망과 좌절을 체험하게 된다.

한 발 두 발 팔을 벌려 밟을 수가 없는 사랑이기에 사람들은 그것을 가시적인 척도로 잴 수가 도저히 없는 안타까움을 안고 살아간다. 그러나 사랑은 매우 지루하게 긴 것이 아니며, 다만 우리의 애를 태워 끊어질 듯 말 듯 아리송하게 해주는 요물단지인 것만은 틀림이 없다.

어느 시대 어떤 사회에서나 남녀의 애정관계는 제도적인 속박과 사회의 기풍 또는 관습의 차이 등 여러 가지 조건에서 마땅히 고통과 기쁨을 수반하며, 인내와 용기를 필요로 한다. 그리고 거기에는 만남과 헤어짐이 뒤따른다.

앞에 든 시조에는 조선왕조의 중세인들이 애정의 복잡 미묘함과 특수성을 인식했던 것을 보여준다. 그들은 그 당시의 사회적 경직성에도 불구하고, 마음속 깊은 곳에서 절실하게 피어오르는 인간 애정의 넓이와 깊이를 기하학적 도형으로 나타내었다. 그러기에 영조 때의 김두성은 또 이렇게도 읊조렸다.

사랑 사랑 고고이 매인 사랑, 온 바다를 다 덮는 그물처럼 맺은 사랑.

왕십리라 답십리라 참외넝쿨이 얽어지고 틀어져서 골골이 두루 뒤틀어진 사랑.

아마도 이 임의 사랑은 가없는가 하노라.

여기에서도 사랑은 무한한 실체로 인식되었고, 그 속성은 얽히고 설켜 복잡다단함을 특성으로 하기 때문에 도저히 설명할 수 없는 것으로 보았다.

과연 사랑은 남녀간의 이성애로서만 이해할 것인가? 그런 것은 아니다.

부모와 자녀 사이에서 생기는 사랑, 언니와 아우의 사랑, 일가친척끼리 화목하는 것도 사랑이니 이런 것은 가족애 · 동족애라 할 것이고, 이것이 확산되면 동포애 · 인류애로까지 고양될 것이다.

어린이가 자라서 집 밖으로 나가면 벗이 생기기 마련인데 거기에 우정이 싹트고, 우정은 바뀌어 동지애로 승화되기도 한다. 때로는 전쟁의 불길 속에서 사선을 넘는 극한상황 아래 혈맹으로 다져진 전우애도 있고, 나라와 겨레를 위해 제 목숨을 홍모처럼 여기는 나라사랑이 있다. 그러나 결국은 사람이 사람을 사랑하는 것이다. 때로는 사람이 가축을 사랑하고, 온갖 생물, 무생물, 자연현상, 사회현상 심지어는 관념과 환상까지 사랑한다고 하지만 실상은 그런 것들을 좋아한다는 표현을 그렇게 한 것이다. 사랑은 사람끼리 서로 주고받는 상태에서 이루어지기 때문이다.

러셀경은 그의 《행복의 정복》에서 "가장 고귀한 사랑을 소유한 자들은 서로 생명을 부여한다. 기쁨으로 사랑을 받아들이고, 또 기꺼이 사랑을 베푼다. 피차에 서로 행복하기 때문에 세상을 재미있는 고장으로 여긴다."고 말했다. 그는 이어서 이렇게도 말했다.

"사랑은 주는 것만큼 받고, 또한 받는 것만큼 줄 때에 최고봉에 도달한다."

사람이 상대적인 존재인 이상 서로 주고받는 사랑, 곧 에로스의 영역을 벗어날 수 없는 것이다. 내가 내 이웃을 향해서 사랑을 주는 것은 바로 그에게서 사랑의 보상을 받기 위한 선행조건으로 선불한 현금과도 같다. 그러기에 상대편의 반대급부가 뒤따르지 않을 때는 배반을 느끼고 울분하며 저주까지 하는 것은 인간으로서 어쩌면 당연한 심성이다. 그런데 인간적 사랑을 초월한 절대자의 사랑, 곧 아가페의 경지를 우리에게 제시해 주는 말씀이 있다.

"하나님이 세상을 이처럼 사랑하사 독생자를 주셨으니 이는 저를 믿는 자마다 멸망치 않고, 영생을 얻게 하려 하심이니라." 라고 한 요한복음 3장 16절의 사랑이 그것이다.

수직적으로 주기만 하고, 받기를 재촉하지 않는 사랑의 모습이 거기에 있다. 우리는 여기서 비로소 사랑의 진원지를 발견하여 흠뻑 목욕하고 거듭나는 사랑의 사도가 되어야 할 것이다.

백범 김구 선생

조국이 일제의 쇠사슬을 끊고, 광복의 감격에 들떠 있을 때였다.

중국대륙에서 빼앗긴 나라를 되찾고자 노심초사하던 애국지사들과 함께 백범 선생께서 돌아오셨다.

하루는 은사이신 김현철 선생의 인도로 백범 선생을 원효로에 있던 건청 사무실에서 만나뵈었다.

그때 검정두루마기에 검은 태 안경을 쓴 거인의 손이 악수를 청해 왔다. 쇠뭉치 같은 두 주먹으로 힘껏 움켜쥐는데 뜨겁고 묵직한 감촉이 내 온몸에 번졌다. 그때 그 손의 무게는 30년이 흘러간 지금도 내 마음을 사로잡고 있다.

그날부터 젊은 나와 내 학우들인 자칭 오총사들은 원효로 사무실과 경교장을 수시로 드나들며 그분의 곁을 맴돌았다. 강연

장에도 따라나섰고, 이층 거실에서 글씨를 쓰실 때도 먹을 갈며 좋아했다. 그분과는 큰 절을 올리면 그뿐, 정치 정세나 다른 화제로 대화를 나눌 필요가 없었다. 덮어놓고 마음이 끌려서 갔고, 그분이 피곤해 하실까 봐 아래층이나 뜰에서 우리끼리 놀았다.

경교장에 드나들던 어른들은 나라의 중대사를 의논하고 있었겠으나 우리는 아랑곳할 바가 아니었다. 마치 아버지 집에서 철없이 뛰노는 어린애의 심정으로 마냥 즐겁기만 했다. 《백범일지》의 첫판이 나오자 우리 오총사에게 친히 서명하여 한 권씩 주셨다. "이상보 동지에게… 백범 김구"라고 붓글씨로 쓴 것이었다.

그 책은 내 평생토록 소중히 간직했다가 후손 대대로 물려줄 가보로 삼으리라고 명심했는데 김일성란(6 · 25동란) 때에 불타 버렸으니 천추의 한이 되고 말았다.

백범 선생께서 흉탄에 돌아가시자 오총사는 졸지에 고아가 된 느낌이었다. 영구차의 앞쪽에서 흰 무명베 줄을 잡고 안장지로 모실 때는 어찌 그렇게도 살을 불사르듯 무덥고 땀범벅이 되었던지 이제도 찐득거리는 울분이 되살아난다. 그때부터 나는 입을 다물고 일체의 외부세계와는 담을 쌓고 살았다. 오직 그분의 손과 두툼한 입, 그리고 안경 너머로 빛나던 눈을 의식하면서 조국과 민족을 죽도록 사랑하시던 유지를 받들어 실천하지 못하고 살아있음이 죄송할 뿐이다.

그 큰 손에 비하여 내 손은 너무나도 작고 더러운 손이요, 그 입과 눈에 견주어 내 입과 눈은 힘이 없고 시력이 약함이 안타깝다.

백범 선생의 그 크낙한 뜻을 이어받아 이 겨레의 활로를 열어야 할 때를 당할수록 그분의 손길에 접했던 모든 이들의 가슴속 깊은 곳에서는 회한의 눈물만이 솟아오를 것이다. 동란 전에 을지로에 있던 초동교회에는 그 어른이 쓰신 "믿음의 힘"이란 큰 족자가 걸려 있었다. 그래서 나는 그 교회에 입적하고 부지런히 다녔는지도 모른다. 그 떨린 듯하면서도 힘찬 솜씨에서 겸손하고 굳센 믿음을 배우기 위함이었던가? 작년에야 비로소 그분을 기념하는 모임을 가질 수 있었으니 이 겨레의 가슴속에 영원히 살아계실 증좌라 할 것이다.

미국의 도서관들

1975년 여름에 나는 아내와 함께 미국의 올림피아에 갔었다. 일주일쯤 우리가 묵었던 집 주인 미스터 칼은 워싱턴 주정부의 경제부차관을 지내다 은퇴한 분이었다. 그의 집에서 지내는 동안 날마다 그의 아내인 레이다와 함께 넷이서 여기저기 구경을 다니는 것이 일과였다. 하루는 내가 시애틀에 있는 워싱턴 주립대학을 보고 싶다니까 마침 칼 영감이 졸업한 모교라고 하며 기꺼이 운전대를 잡아주었다.

시애틀의 중심 거리에서 북동쪽으로 20분쯤 달려 퓨젓사운드와 워싱턴 호수를 연결한 운하를 건너자 바로 앞에 워싱턴대학이 보이기 시작했다. 오랜 역사를 지닌 주립 종합대학으로 수산학과 · 임학과 · 해양학과를 중심으로 이공계열이 특히 유명한 곳이었다. 넓은 교정에는 박물관과 미술관 등도 있어 일반 관광객들이 많이 찾는다고 했다. 마침 여름방학 중인데도 유모차에 갓난애를 싣고 책가방을 맨 여학생들이 활기차게 교정을 가로질러 가는 모습이 인상적이었다.

먼저 도서관에 들러서 한국도서부를 찾으니 2층 사무실로 안내를 해주었다. 그곳에는 40대 중반의 한국 여성이 혼자서 책임지고 있는데 김 아무개라고 했다. 명함을 건네며 내가 전년(1974년 8월)에 펴낸 책인 《한국가사문학의 연구》를 기증하러 왔다고 하자

"그동안에 많은 책을 내셨겠네요?"

"예, 대학에서 강의하면서 전공 책과 수필집 등을 몇 권 냈습니다."

"그럼, 저자의 이름으로 찾아볼까요, 책이름으로 찾아볼까요?"

"제 이름으로 찾아보면 좋겠습니다."

그래서 바로 앞에 진열된 카드상자로 가서 '이상보'를 찾으니 놀랍게도 내가 1961년에 공저한 《주해 가사문학전집》(정연사)과 1962년에 낸 전공저서인 《박노계 연구》(일지사) 뿐만 아니라 첫수필집 《사색의 편린》(1965, 일지사)은 물론이요 최근에 펴낸 《한국가사문학의 연구》(1974, 형설출판사)에 이르기까지 거의 다 갈무리하고 있었다. 깜짝 놀란 나는 묻지 않을 수가 없었다.

"아니, 이 대학은 이공계 대학으로 유명한데 한국학과가 있

나요?"

"아니요. 한국에 관한 강좌도 없어요. 그런데 서두수 교수님이 '동양문화(Oriental Culture)'의 강좌를 맡고 계시면서 사들인 책이지요. 옆방은 일본도서부와 중국도서부가 따로 있어서 한 사람씩 책임자가 있어요."

"그럼 일본인 교수나 중국인 교수도 있나요?"

"아니요. 서 교수님 한 분만 계셨는데 지금은 몸이 불편하셔서 쉬고 있어요. 그래도 동양학 관계의 책은 계속 사들일 것입니다. 그런데 한국에서 지금 나온 책들이 무엇인지 몰라서 못삽니다. 이 교수님께서 귀국하시면 여러 출판사의 도서목록을 좀 보내주세요. 이 책은 귀한 것인데 우리 도서관에는 있으니 다른 도서관에 기증하시지요."

결국 내 책을 되돌려받고 나올 수밖에 없었다. 그리고 며칠 뒤에 워싱턴 시에 있는 국회도서관에 들러 동양도서 책임을 맡고 있는 양 박사에게 내 책을 기증했었다. 그러자 "나는 이 교수께 아무것도 드릴 것이 없으니 이것이나 드릴까?" 하며 책상 위의 컴퓨터를 치니까 미국 안의 도서관끼리 그물망(네트워크)이 쳐진 각 도서관에 갈무리된 내 책이 주르르 두어 페이지도 넘게 찍혀 나왔었다. 북쪽의 뉴욕대학부터 남쪽의 휴스턴대학의 도서관까지 수십 곳에 있다는 사실에서 그들의 교육영역이 온 세계에 미치고 있음을 확인할 수 있었다.

그뿐 만이 아니다. 보스턴의 하버드대학 도서관에서 만난 백

선생의 고충은 한국에서 들여오는 수십 개의 상자 속에 꺼내놓기에 부끄러운 책들까지 섞여있어 풀지도 않고 구석에 쌓아놓고 있다는 것이었다. 그만큼 미국의 도서관은 '묻지 마 사재기' 를 할 만큼 도서구입비의 지출이 엄청나다는 말이었다.

또 어느 해였던가? 겨울 방학에 내가 뉴욕의 컬럼비아대학 도서관을 찾았을 적이었다. 조선왕조 끝 황녀의 한 분이라는 이 여사가 한국도서의 책임자로 있었다. 지난날에 고서적상인 화산서림의 이성의 옹이 돌아가시자 그가 간직하고 있던 모든 옛 책을 컬럼비아대학에서 사간다고 온 나라가 귀한 문화재를 내보내어서는 안 된다고 각 언론에서 떠들썩했던 일이 있었다. 그러나 결국 그 화산서점의 수많은 고서는 죄다 그곳으로 팔려가고 말았었다. 나는 그 책들이 궁금한 나머지 이 여사를 찾아가 그 까닭을 말하니 바로 앞자리에 있는 최 여사에게 열쇠를 달라고 해서 둘이서만 서고로 들어가게 되었었다. 자하실 쪽으로 들어서자 훈훈한 공기가 온 방을 감싸고 방문을 두 번이나 열고 들어간 곳에 서가가 들어차 있었다. 그리고 얇고 두꺼운 책들은 모두 포갑이 되어 책시렁에 가지런히 누워 있지 않은가? 귀중한 한적들이야 포갑을 할 만하지만 이른바 야담과 실화 따위 낡은 통속잡지까지도 포갑을 해놓았으니 기가 찰 노릇이었다. 희귀본과 귀중본은 더 말할 것도 없거니와 싸구려 낙질본조차도 똑같은 포갑에 몸을 담고 사시장철 똑같은 온도의 향기로운 침대에서 쉬고 있으니 그 책들의 처지가 어찌 부럽지 않겠는가?

그곳 김봉환 사서의 말로는 방학 때마다 수표첩을 들고 한국에 와서 온갖 잡지의 결호를 사가지고 돌아가 채운다고 하니 어안이 벙벙할밖에.

각설하고, 요즈음 우리나라의 해외유학생들이 영국, 중국, 일본 등 세계 각국으로 많이 나간다고 한다. 더구나 미국 유학생들 중에 가장 많은 수가 한국학생들이란다. 어쩌면 좋은 일이기도 하다. 이왕 외국에 가서 공부하려면 대학의 도서관이 충실한 곳으로 가서 공부해야 하기 때문이다. 대학이 학문하는 곳이라면 학문의 보고인 도서관이 충실한 곳으로 가서 공부하는 것을 탓할 것인가? 부추길 것인가? 곰곰이 생각해 볼 일이다.

동리 · 목월 문학관에서

지난 6월 13일 2박 3일의 일정으로 모처럼 경주나들이에 나섰다. 이른바 장로문인들 7명이 9인승 차를 몰고 달리는 고속도로의 주변 경관은 온통 녹색으로 성장한 여인의 풍만함이었다. 몇 해 만인가? 경주의 황성공원에 복양 오세재 선생의 문학비를 세우고 제막식을 하던 일이 떠오른다. 보문단지의 숙소에서 자고 이튿날 우리들은 불국사를 찾아갔다. 그런데 경내에 들어서는 길목의 오른쪽에 '동리 · 목월문학관' 입구란 푯말이 눈에 띄었다. 깨끗이 정돈된 불국사의 대웅전과 석가탑이며 다보탑들을 건성건성 보고는 동리 · 목월문학관으로 발길을 돌렸다. 땅 넓이가 2,400여 평이며 건축면적이 467평이나 된다는 문학관은 검정 골기와의 한옥양식으로 2층짜리 시멘트 건물이 아담하고 우아하게 느껴졌다. 다만 현판이 오른쪽에서 왼쪽으로 쓴 전서체 한자로 '館學文月木里東'이라고 써놓은 것이 좀 어색했다고나 할까?

2001년부터 경주시와 동리목월기념사업회(회장 장윤익 박사)에서 애쓴 열매로 2006년 3월 24일에 개관했기에 새로운 건물이 깨끗하고 아름다운 처녀성을 지니고 있었다.

먼저 '소설가 김동리 상'이란 이름의 흉상을 보니 마치 선생이 우리를 반가이 마중하는 듯한데 그 뒷벽에는 "동리문학은 나귀이다. 모든 것이 죽고 난 뒤에, 찾아오는 나귀이다."라는 글귀가 눈에 띈다. 전시실로 들어서자 서재에는 책상과 의자, 그리고 그 곁에 옷걸이 등이 있다. 벽에는 "秋水文章不染塵(추수문장불염진)"이라고 선생이 쓴 세로 액자가 걸려 있으니 이는 "가을 물처럼 맑은 글월이 세속 티끌에 물들지 아니한다."는 뜻으로 선생의 평상심을 나타낸 것이었다. 그리고 그 옆 벽의 붓걸이에는 여남은 자루의 크고 작은 붓들이 걸려 있어 그분이 평소에 붓글씨를 즐겨 쓰던 모습을 보는 듯했다. 또 유품실에는 다섯 개의 손목시계와 여러 개의 파이프, 크고 작은 수첩들과 공책이며 백자 소품 항아리 두어 개가 진열되어 있다. 또 한쪽에는 수많은 낙관 도장이 27개나 되고, 벼루와 먹 따위 이른바 문방사우를 진열해 놓았다. 그런가 하면 동리의 연보를 자료사진과 함께 벽면을 가로질러 시각적으로 소개하고 있었다. 또 한쪽에선 '황토기'와 '무녀도'를 재현한 애니메이션이 계속 움직이고 있어 동리문학 속에 잠겨드는 느낌을 주고 있었다. 동리실과 맞은편에는 '시인 박목월 선생 상'의 흉상이 우리를 반기는데 갸름한 얼굴에 넥타이를 매지 않은 와이셔츠차림의 소탈한 모습이 정겹기만 했다. 흉상 뒤쪽 벽에는 "구름에, 달 가듯이, 가는 나그네. 75年 5月 朴木月"이란 석 줄의 붓글씨가 붙어 있다. 진열실에는 《눈이 큰 아이》와 《얼룩송아지》 등 목월이 지은 책들이 놓여 있고, 또 한쪽에는 5단 책장 2개에 그가 간직했던 책들을 꽂혀 있었다. 그리고 흔들의자, 놋걸이, 집필책상과 손님과 마주앉아 차를 마실 수 있는 낮고 긴 탁자가 있다. 서재엔 '青鹿山房(청록산방)'이란 현판이 걸려 있어 그가 조지훈과 박두진과 함께 이른바 청록파 시인임을 알려주고 있다. 또 '서정적 자연과 향토', '삶의 일상과 인간애', '향토 회귀와 존재 탐구' 등 시기별로 목월의 대표시들이 전시실 벽면을 꾸미고 있다. 그리고 영상실에서 두 분의 한뉘를 되살려보고, 지하실의 자료실에 가니 동리와 목월이 모았던 책들과 골동품이며 유물들이 온방에 가득히 차 있었다. 그 중에 내 회갑기념논총에 "壽考維祺以不景福"(오래도록 사시고 즐거우시어 크신 복 내려지라 삼가 비오리)이란 축필을 써주셨기에 책이 나오자 드린 바가 있는데 그 논총이 꽂혀 있어 느꺼움이 컸다.

내가 연전에 〈동리 김시종의 우아한 예서체〉란 제목으로 수필을 써서 《책과 인생》에 발표하고, 뒤이어 《붓글씨 이야기》(정론출판사, 2005. 4. 28)를 펴낼 적에 다시 실어 놓았으니 다음과 같은 글이었다.

“동리 김시종(1913~1995)님은 시인이자 소설가이다. 신라의 고도 경주에서 태어나 박목월 · 김달진 · 서정주 등과 사귀며 광복 후에는 청년문학가협회 회장(1947), 한국문인협회 이사장(1969)으로서 민족주의문학 운동을 펴며 순수문학을 옹호했다. 한편으로 서라벌예술대학 교수(1955)로 시작해서 중앙대학 예술대학장(1972)을 지내며 명예문학박사학위를 받고(1973), 예술원 회장(1981)이 되었으나 1995년 6월 17일에 병사했다.

그는 일찍이 1934년 시 〈백로〉로써 조선일보 신춘문예에 당선되어 등단했으나, 1935년에는 소설 〈화랑의 후예〉로 중앙일보 신춘문예에, 이듬해인 1936년에는 소설 〈산화〉가 동아일보 신춘문예에 당선되어 소설가로서의 자리를 굳혔다.

내가 동리 선생을 만난 것은 같은 교수로서가 아니라 문인협회에 소속된 수필가의 처지에서였다. 그러니 문단의 행사장에서나 지면으로 자주 대할 뿐 사사로운 자리에서 친교를 나눌 수 있는 기회는 없었다. 그런데 1987년 9월에 내가 회갑을 맞게 되자 제자들이 《한실 이상보 박사 회갑기념 논총》을 펴낼 때에 그분이 귀한 붓글씨를 보내주셨다. 그래서 그 책의 머리에 싣게 되니 고맙고 영광스럽기가 그지없었다. 화선지 반절에 족자용으로 써주신 글은 다음과 같았다.

詩曰 黃耇台背 以引以翼 壽考維祺 以介景福 詩經抄
(시왈 황구태배 이인이익 수고유기 이개경복 시경초)
壽考維祺以介景福
(수고유기 이개경복)
祝爲竹軒李相寶博士回甲之慶於樹南閣東里雲水散人
(축위죽헌이상보박사회갑지경어수남각동리운수산인)

큰 글씨는 우아한 예서체로 "오래도록 사시고 즐거우시어 크신 복 내려지라 삼가 비오리."라고 쓰셨는데 회갑을 축하하는 뜻이 잘 나타난 글귀라 할 것이다. 이처럼 가냘픈 듯하면서도 굳센 붓힘을 가진 이른바 동리체를 그분은 많이 쓰셨다. 그리고 머리에는 "시경에 이르기를 '언 배 같은 얼굴에 북어의 잔등 앞뒤에서 모두모두 도와드리어 오래도록 사시고 즐거우시어 크신 복 내려지라 삼가 비오리.' 시경에서 뽑음"이라 하고, 꼬리에는 "죽헌 이상보 박사의 회갑을 축하해서 수남각에서 동리 운수산인은 쓰다."라고 예서에 가까운 해서체로 좀 작은 글씨로 써놓았다. 그러기에 바로 족자로 표구해서 거실에 걸어두고 항시 바라보며 동리 선생을 그리워한다.

그분이 남기고 가신 정신적 유산으로는 소설집 《무녀도》(1947), 《역마》(1948), 《황토기》(1949), 《귀환장정》(1951), 《실존무》(1955), 《사반의 십자가》(1958), 《등신불》(1963) 등이 있고, 시집 《바위》(1936)와 수필집 《자연과 인생》, 평론으론 〈순수문학의 진의〉(1946), 〈순수문학과 제3세계관〉(1947), 〈민족문학론〉(1948) 등이 전한다. 나도 그분의 문학을 좋아해서 거의 모두를 사놓고 읽으며 그의 문학세계에 공명공감하며 돌아다닌 적이 있다. 특히 《무녀도》에서는 전통사상과 외래사상의 충돌 속에서 비극적으로 끝나는 무녀의 삶에서 우리 전통문화의 서글픔에 마음 아파하기도 했다. 또한 《사반의 십자가》를 읽으면서 그의 성서이해와 기독교적 교양의 폭이 넓음에 놀란 적도 있다.

아무튼 다정다감하고, 선비다운 기품을 지닌 동리 선생의 붓글씨를 우리 집의 가보로 모시게 된 것은 문학적 인연에서 말미암은 행복이다. 그러나 이제는 그분을 가까이에서 뵈올 수가 없으니 나도 또한 시경을 빌어 회수(淮水)가 아닌 한강에서 음악을 연주하며 임(동리)을 추모할밖에.

회수 가에서 쇠북 울리면, 퍼지는 그 울림과 물소리.
끝없는 근심에 마음은 아파오네.
어여쁘신 그 임이 꿈엔들 잊힐 건가!
(鼓鐘將將 淮水湯湯 憂心且傷 淑人君子 懷允不忘)

또한 박목월(1916~1978) 선생과는 부산 피란 시절에 함께 정신여고에서 국어교사로 근무하며 책상을 맞대고 지낸 적이 있었다. 때마침 내가 선생의 시 〈청노루〉를 가르치러 수업에 들어가면서 '자하산' 과 '청운사' 가 어디에 있는 산이며 절인가를 묻자 하시는 말씀이 "저 그건 있지 않아요. 자줏빛 노을이 끼어 있는 산, 그리고 푸른 구름 속의 절이지요. 내가 상상해서 이름을 지은 것이니까 실제로는 없는 것이어요."라고 하셔서 어이없게 여겼으나 그게 바로 목월 선생의 깊고 오묘한 시세계였음을 깨달은 것은 훨씬 뒤의 일이었다.

아무튼 우리들이 전시실 밖으로 나오니 넓은 뜰 왼쪽에 '아사달의 혼' 이란 커다란 화강암 조형물이 우뚝 서 있고, 오른쪽에는 분수대가 설치되어 있어 문학관의 운치를 느끼게 했다.

수필은 눈물의 씨앗인가?

책을 지식의 보고라 한다. 아니 책을 인류 문화의 결정체라 한다. 그러나 내게는 이른바 "즈믄 해를 두고 사귈 벗"이라 함이 옳을 것이다. 그렇게도 좋아했기에 나는 어릴 적부터 공공도서관에서 나이에 어울리지도 않는 세계문학전집 속에서 《레미제라블》이나 《햄릿》, 《맥베드》, 《리어왕》 등을 찾아 읽기에 여념이 없었다. 그러나 이제 인생 일흔에 골이 띵해지는 나이에 이르러 책장을 두어 장만 넘겨도 눈이 시려 먼 산을 바라보게 되었다. 책을 탐내어 읽을 수 없다니 기가 찰 노릇이 아닌가? 그래서 요즈음은 시나 수필과 같은 짧은 글을 읽는 것으로 만족할 수밖에. 그리고 또 참새가 방앗간을 지나칠 수 없듯이 자주 책방에 들리는 것은 하나의 버릇 때문인가 보다. 오늘도 수필집 《어느 대사의 이야기 이런 나라 저런 나라》(최상진 지음)를 읽다가 이런 대목에 이르러 나도 모르게 눈물을 흘렸으니 그대로 옮기면 이런 내용이었다.

"필자가 호놀룰루 주재 총영사로 부임했을 때, 우리 교민으로서 가장 존경을 받는 사람 중에 최영조 판사라는 분이 있었는데, 미연방법원 판사로 재직 중이었다. 그는 일찍이 하버드 법대를 졸업하고, 동양계로서는 최초로 연방법원 판사직에 오른 분인데, 만일 백인이었다면 대법관에 올랐을 것이란 이야기도 있었다. 필자는 부임 직후 그의 사무실을 찾아갔다. 사무실은 잘 정돈되어 있었고, 고위직 판사의 위엄이 돋보이게끔 격조 있게 꾸며져 있었다.

그런데 놀랍게도 널따란 사무실 한가운데, 가장 돋보이는 자리에 자그마한 틀 속에 재단사 자격증이 걸려 있지 않는가! 필자는 노 판사님에게 '어째서 판사님의 사무실 한가운데에 재단사 자격증이 걸려 있습니까?' 라고 물었다. 최 판사는 노안에 잔잔한 웃음을 흘리면서 이렇게 설명해 주었다. '젊었을 때는 하버드 법대 졸업장이 가장 소중한 줄 알고 사무실 한가운데에 걸어놓았었지요. 그러나 세월이 흐를수록 아버지의 재단사 자격증이 더욱 소중하다고 생각되어 하버드 졸업장은 구석자리에 옮겨놓고, 아버지의 자격증을 중앙에 옮겨 걸었지요. 아버지는 하와이 제도의 외딴 섬인 카우아이에서 초등학교를 졸업하고, 통신교육을 통해 재단사 자격증을 획득하여, 진주만 미해군기지에서 군복을 수선하면서 나를 하버드 대학까지 보내 주셨고, 동생과 누이는 물론 조카 두 명까지 모두 대학 공부를 시켜 주셨습니다.'"

모름지기 글이란 읽는 이로 하여금 느꺼움을 자아내게 써야 하지 않을까? 어떤 가수가 노래하기를 "사랑은 눈물의 씨앗"이라고 했지만 나는 어쩌면 "수필이야말로 눈물의 씨앗이 아닌가?" 하고 생각해 본다. 시를 읽거나 소설을 읽고 난 다음 작가의 심정에 공명공감이 되고, 그것들에서 큰 가르침과 깨달음을 얻는 경우도 있을 것이다. 그러나 수필은 그보다 더 깊고 높은 자리에서 울고 웃기는 힘을 지녀야 하지 않을까?

■연보

■ 학력

1927.9.18.전남 장성군에서 태어남. 관립 광주사범학교, 단국대학교 전문부 정치학과, 세종 중등국어 교사양성소, 동국대학교 문과대학 국어국문학과 졸업(문학사), 중앙신학교(현재 강남대학교) 신학과 졸업(신학사), 동국대학교 대학원 석사과정 국어국문학과 수료('박노계 연구'로 문학석사), 동국대학교 대학원 박사과정 국어국문학과 수료, 명지대학교에서 '한국가사문학의 연구'로 문학박사 학위 받음.

■ 경력

광주 수피아여자고등학교 교사 · 서울정신여자고등학교 교사, 명지대학교 교수, 명지여자고등학교 교장 지냄. 대한민국 국민훈장 석류장, 서울특별시교육회 특별공로상 받음. 국민대학교 교수로서 · 교무처장 · 총장 직무대행 지내고 정년 명예교수. 국어국문학회 회장 지내고 평의원. 한국고서연구회 회장 지내고 고문. 한국고전문화진흥회 회장 지냄. 한국책을 좋아하는 사람들 모임 고문. 한국 크리스천문학가협회 번역분과위원장 · 평론분과위원장 · 수필분과위원장 · 이사 지냄. 한국 대학교수수필가모임 대표 지냄. 한국신문예협회 고문 지냄. 한국기독교수필문학회 회장 지내고 명예회장 · 고문. 한국수필문학가협회 회장 지내고 명예회장. 서대문구문인협회 회장 지내고 고문. 한국장로문인회 고문. 조선문인회 고문. 재단법인 한글재단 이사장. 세종대왕기념사업회 이사. 한글문화단체모두모임 회장. 외솔회 이사. 한국문학비건립동호회 회장.

■ 주요저서

《박노계연구》, 《이조가사정선》, 수필집 《사색의 편린》, 수필집 《초원의 백마》, 번역 《파한집 · 보한집 · 낙옹비설(역옹패설)》, 《한국가사문학의 연구》, 《한국고시가의 연구》, 수필집 《시간의 흐름 속에서》, 《노계시가연구》, 수필집 《지상에서 가장 행복한 불빛 하나》, 《한국불교가사전집》, 《한국고전시가연구 · 속》, 수필집 《눈을 들어 하늘을 보니》, 《17세기 가사선집》, 번역 《송와유고》, 《18세기 가사전집》, 수필집 《눈을 감고 바로 보기》, 《조선시대시가의 연구》, 수필집 《떠나기 연습》, (좁쌀책) 수필집 《인도차이나역사기행》, 수필집 《갑사로 가는 길》, 수필집 《동서유럽과 터키 둘러보기》, 번역 《보한집》, 시조집 《시베리아 철길 가로지르기》, 수필집 《비단길 달려가기》, 수필집 《황하, 그 주변의 문화유적을 찾아서》, 《한실 이상보붓글씨모음》, 번역 《일본 지성인의 목소리》, 《붓글씨 이야기》, 《중동과 중국 찾아다니기》, 《네팔과 인도 돌아다니기》, 수필집 《임과 함께 걸어온 여든 해 고개》, 수필선집 《행복한 삶》.

현대수필가 100인선 · 25
이상보 수필선
아름다운 이야기

초판인쇄 | 2008년 9월 20일
초판발행 | 2008년 9월 25일

지 은 이 | 이 상 보
펴 낸 이 | 서 정 환
펴 낸 곳 | 좋은수필사

주 소 | 서울시 종로구 익선동 30-6
운현신화타워 빌딩 3층 305호
전 화 | (02)3675-5635, (063)275-4000
등 록 | 1984년 8월 17일 제28호
홈페이지 | http://www.shin-a. co. kr
e-mail | essay321@hanmail.net

값 7,000원

ISBN 978-89-5925-294-7 04810
ISBN 978-89-5925-247-3 (전100권)